产业集聚与生态环境耦合系统的构建、评价及路径选择

王　婷　王海天　廖　斌　著

机械工业出版社

本书立足于西部地区资源禀赋特征和经济与生态发展的时代背景，提出研究产业集聚与生态环境耦合系统的必要性和重要性，通过分析产业集聚和生态环境的现状及特征，探析产业集聚和生态环境的耦合关系，将复杂的生态环境系统分解，聚焦其中与产业集聚系统关联最密切、交互最频繁的生态引力子系统，并将其作为研究的切入点，有效解决了产业集聚和生态环境协调发展中存在的难题。本书以白酒产业为例，从目标、路径、结构、功能等方面出发，构建了产业集聚和生态环境耦合系统，并分别从静态和动态角度分析了产业集聚和生态环境的耦合关系演变情况；从产业工业化与生态化的耦合内涵出发，对不同路径的发展趋势进行了情景预测与对比分析，并提出了相应的政策建议。

本书可供高等院校管理科学与工程、环境工程、应用经济学等学科的本科生和研究生学习使用，也可供相关专业人员参考。

图书在版编目（CIP）数据

产业集聚与生态环境耦合系统的构建、评价及路径选择/王婷，王海天，廖斌著．—北京：机械工业出版社，2022.12

ISBN 978-7-111-72077-5

Ⅰ．①产…　Ⅱ．①王…　②王…　③廖…　Ⅲ．①产业集群-关系-生态环境-研究-中国　Ⅳ．①F269.23 ②X321.2

中国版本图书馆 CIP 数据核字（2022）第 217331 号

机械工业出版社（北京市百万庄大街 22 号　邮政编码 100037）
策划编辑：刘鑫佳　　　　责任编辑：裴　泱
责任校对：梁　静　李　婷　封面设计：张　静
责任印制：刘　媛
北京盛通商印快线网络科技有限公司印刷
2023 年 3 月第 1 版第 1 次印刷
169mm×239mm · 10 印张 · 161 千字
标准书号：ISBN 978-7-111-72077-5
定价：59.00 元

电话服务　　　　　　　网络服务
客服电话：010-88361066　机　工　官　网：www.cmpbook.com
　　　　　010-88379833　机　工　官　博：weibo.com/cmp1952
　　　　　010-68326294　金　　书　　网：www.golden-book.com
封底无防伪标均为盗版　　机工教育服务网：www.cmpedu.com

前言

产业集聚是同一产业在空间范围内聚集并将产业资本要素汇聚、整合的过程。近年来我国工业经济综合实力提升，产业集聚效应不断增强。随着全球经济联动日益加速，产业集聚已经成为一种有效促进资源整合、优化产业布局、加速区域经济发展的重要产业组织方式。然而，过去几十年西方发达国家和我国东部沿海地区发展规模经济的经验表明，产业集聚在带来经济效益的同时，也造成了集聚区的资源枯竭和生态破坏。如何实现生态保护与规模经济的协调发展是目前经济学与管理学研究的热点话题。

随着新时代西部大开发的深入推进，产业集聚作为经济高质量发展的支撑力，与生态环境之间存在的耦合关系及作用机制能否实现经济和环境的协调可持续发展，是目前绿色制造和生态文明建设过程中亟待解决的关键问题，但现今关于西部地区如何实现生态环境与产业集聚协调可持续发展的相关研究仍有所欠缺。在此背景下，本书聚焦我国西部地区产业，研究如何规避产业集聚过程带来的污染集聚和污染转移，在实现规模经济和经济转型的同时，保持良好的地区生态建设活力。这也是我国西部地区经济与生态环境高质量发展中亟待解决的科学问题。

本书共分为 8 章：第 1 章详尽地介绍了产业集聚的研究背景、研究意义、相关概念和相关理论，并立足于西部地区资源禀赋特征和经济与生态发展的时代背景，提出问题研究的必要性和紧迫性；第 2 章梳理了国内外关于产业集聚问题的研究文献，总结了现有研究尚存在的不足；第 3 章以白酒产业集聚为例，阐述了生态引力系统的内涵、特征和演化的驱动因素，并对生态引力与产业集聚的时空耦合机制进行了分析；第 4 章分别从静态和动态角度出发，分析了产业集聚和生态环境的耦合关系演变情况，并且进一步探寻了贵州省产业集聚和生态环境耦合关系的长期均衡性；第 5 章分别对生态引力系统、白酒产业系统的构成与涌现性进行了讨论，从目标、路径、结构、功能等方面出发构建了产业集聚和生态环境耦合系统；第 6 章提出了一套基于云模型的耦合度评价方法，以贵州省生态引力与白酒产业集聚耦合系统为研究对象进行了实证分析；第 7 章从产业工业化与生态化的耦合内涵出发，在对贵州省产业发展现状进行模拟评价的基础上，提出了三种耦合发展路径，并对不同路径的发展趋势进行了情景预测与对比分析；第 8 章主要根据实证结果，为促进产业集聚和生态环境协同发展，从加快产业生态化建设、强化政府管控和市场调控以及建设多区域联动发展的“飞地”合作机制三个方面提出了产业集聚与生态环境耦合协同发展的政策建议。

本书是作者所带领的产业集聚课题研究组的成果总结，它的完成离不开每一个参与编撰和整理的工作人员，在此对所有提供支持和帮助的领导、同事、学生表示衷心的感谢！同时，我们在本书的撰写过程中，参考了国内外同行专家的研究成果，在此一并向他们致谢！

本书可作为高等院校管理科学与工程、环境工程、应用经济学等学科的教学参考书，也可供相关专业人员参考。

限于我们的知识修养和学术水平，本书难免存在不足，很多方面还有待进一步探索和研究，恳请专家和读者在阅读和使用本书过程中提出宝贵意见，您的意见我们将给予特别的关注。

王　婷

目 录

第1章 导论

1.1 研究背景和研究意义

1.1.1 研究背景

产业集聚是建立在分工配合之上、既独立运作又相互联系的一种企业为创造更多收益，在地理空间中高度集中聚合的过程。在产业升级发展的进程中，产业集聚通过发挥规模效应、竞争效应、专业化效应和学习效应的优势，有助于提高资源配置效率、调整产业结构、优化产业布局，加快区域经济发展的步伐。随着我国改革开放和全球市场的深入发展，国家和地区之间的贸易壁垒逐渐消失，企业的市场范围相应增加，专业分工深化，推动产业集聚逐步由国家统一集中向省、市、县等区域性集聚转变。一方面，工业化和城市化的加速发展，为建设地区性的工业园区、科技产业园、创业基地等各种类型的集聚园区提供了有利条件；另一方面，政府的宏观规划以及地区独有的资源禀赋等因素促使企业进入集聚区域，也吸引了外商直接投资的目光。产业集聚在经济高质量发展中的作用越来越重要，已经成为经济活动中不可或缺的一部分，但集聚模式所导致的环境效应也不容忽视。尤其是区域内工业企业的高度集中会引发资源急剧消耗并产生非期望产出，导致资源短缺、环境污染等问题发生，从而反过来抑制产业集聚的良好发展。习近平总书记指出，保护生态环境和发展经济从根本上讲是有机统一、相辅相成的，要保持加强生态文明建设的战略定力，要探索以生态优先、绿色发展为导向的高质量发展的新路子，解决好人民群众反映强烈的环境问题，既是改善环境民生的迫切需要，也是加强生态文明建设的当务之急。

我国西部地区自然资源丰富，形成了黔川白酒产业带、南贵昆经济区、长江上游经济带等典型的资源型产业集聚格局。近年来，在西部大开发战略的吸引下，越来越多的企业开始向西部进军，使西部地区形成了全新的集聚态势和产业格局。这种产业集聚格局有利于西部地区加速经济转型、优化产业布局，助力该地区脱贫致富、实现“后发赶超”。然而，当前西部地区正处于经济高质量、可持续发展的攻坚期，通过牺牲自然资源、破坏环境换取短期效益的粗放型经济增长模式显然不再适合其发展需求，生态环境与产业集聚协调发展将是西部地区规模经济高效、良性可持续发展的必由之路。如何在产业集聚过程中规避其带来的污染集聚和污染转移，实现规模经济转型的同时，保持良好的地区生态建设活力，成为我国西部区域经济与生态环境高质量发展中亟待解决的科学问题。

坚守发展和生态两条底线是我国进行产业优化升级和生态环境保护的准则。近年来我国工业经济综合实力提升，园区成为工业总产值的主要来源地，产业集聚效应不断增强。然而，企业在地理空间内的大量聚集，会导致生产污染和生活污染的双重剧增，生态环境的自净效应无法抵消产业集聚造成的拥挤效应，从而破坏生态平衡。由于西部地区自身生态环境脆弱，平衡一旦被打破很难修复，加之地理区位的特点，许多东部地区污染排放不达标的企业可能会因当地环境规制严格而转移到西部地区，随之而来的污染转移将使西部的废水废气排放量增多，生态环境承载力受到破坏。面对生态环境的改变与现阶段西部经济发展的新要求，工业企业应逐步落实绿色制造的生产措施，对污染排放进行防治和集中处理，用实际行动积极响应生态文明建设的号召。

随着新时代西部大开发的深入推进，工业发展向绿色制造转型，清洁生产试点示范园区和绿色低碳示范园区数量与日俱增。产业集聚作为经济高质量发展的支撑力，与生态环境之间存在的耦合关系及作用机制能否实现经济和环境的协调可持续发展，是目前绿色制造和生态文明建设过程中亟待解决的关键问题。

我们通过前期对白酒、茶、采矿、装备制造等典型产业集聚区开展的调研发现，西部地区特有的生态资源禀赋正自发形成一种独特的作用力：在促成地方资源型产业规模化集聚、吸引外地企业跨境迁移的同时，自发地约束产业集聚密度，形成环境门槛。从力学的角度来看，产业集聚与地区生态环境之间并非简单的单向因果关系，而是复杂的动态交互机制和耦合协调关系。因此，以系统论为基础，以生态系统与产业集聚系统的受力状态为切入点研究西部地区产业集聚与地区生态环境耦合关系或将为我国西部地区经济与生态高质量发展提供一个跨学科的全新理论视角。

1.1.2 研究意义

1. 理论意义

产业集聚现象受到越来越多的关注，针对区域重点产业和生态环境协调可持续的研究日益增多，但产业集聚和生态环境之间的关系复杂且尚未有统一结论，现有研究也较少关注到产业集聚系统和生态环境系统之间的耦合关系。因此，以特色工业产业为研究对象，结合静态和动态两方面综合衡量产业集聚和生态环境之间存在的耦合关系，有助于揭示产业集聚与生态环境之间的规律及动态关联性，丰富产业集聚和生态环境关系研究内容，为研究经济系统和生态系统的协调发展提供新思路。

为实现生态保护与产业规模经济的协调发展，本书以贵州省产业为研究对象，提出“生态引力”这一组概念，并从生态引力的特征及其与白酒产业集聚的耦合相关性出发，沿着“产业集聚和生态环境现状及特征分析→产业集聚和生态环境耦合机理梳理→产业集聚和生态环境耦合系统构建→系统耦合特征及耦合关联性分析→耦合协调度评估→耦合路径选择→实现生态环境与产业集聚协调发展”的思路展开研究，旨在揭示生态环境与白酒产业集聚之间的客观规律及动态关联性，探明生态环境与产业集聚耦合发展的演化规律，构建一套科学合理的产业与环境耦合度评估方法，探寻生态环境与产业集聚耦合路径，为西部地区生态环境与产业集聚协同发展提供理论依据。

研究成果不仅能丰富和发展产业集聚理论的研究体系，拓宽生态环境与产业集聚的研究视角，促进西部地区生态引力与产业集聚的耦合发展，为加速西部地区经济高质量“后发赶超”提供理论支撑；还能为加速西部地区产业生态化转型，保持西部地区可持续发展能力提供有效途径。

2. 现实意义

近年来，各个省市出台了一系列促进产业集聚发展的政策㊀，要求推进产业集聚进一步发展，以行业中的标杆企业为核心力量，通过集聚区域的辐射引领，带动不同领域、不同类别、不同规模的企业展开分工协作，创造具有示范作用的产业集聚园区，推动企业之间的合作共赢。同时，在环境方面也明确提出，要坚守发展和生态两条底线，以稳定和改善环境质量为核心，开展十大行业治污减排全面达标排放专项行动。

然而，在集聚发展过程中存在“产业集聚正外部性→生态环境改善→自然资源吸引集聚”“产业集聚负外部性→加剧环境污染→生态破坏抑制集聚”的非线性双向关系。因此，通过梳理产业集聚和生态环境之间的互动路径，明确耦合关系的现状和趋势，才能有针对性地提出改进措施，加快产业升级转型速度，从而实现区域经济与环境保护同步协调可持续发展。

针对现阶段系统耦合评价研究无法刻画耦合系统间的不确定性和随机性，导致耦合度与耦合协调度相关性弱这一问题，我们引入了对不确定性评价信息具有良好分析能力的云模型，通过改进传统系统综合指数和耦合协调度评价方法，提出了一套基于云模型的耦合协调度评价方法，并以生态引力与白酒产业集聚耦合系统为研究对象进行实证分析。结果表明，该方法是有效、合理的，相比传统耦合度评价方法具有更优秀的数据刻画能力和评价效度反馈能力，因此同样适用于其他存在信息不确定性的耦合系统协调度评价工作中。

1.2 概念界定

在开展具体研究之前，首先有必要对本文所研究的相关概念进行界定。

1.2.1 经济集聚

经济集聚是指经济活动在地理空间上的集中，是经济活动者为获得某些优

㊀ 2018年底，《贵州省十大千亿级工业产业振兴行动方案》印发；2018年，成都市印发《关于促进产业集聚区发展若干政策的意见》；2019年，河南省印发《河南省推进产业集聚区高质量发展行动方案》。

势或利益而向特定区域集中的过程。按照空间尺度的不同，可以将经济集聚分为国际（区域）层面的集聚、国家层面的集聚、地方（城市）层面的集聚等。

1.2.2 集聚经济和外部性

集聚经济是指经济集聚所产生的外部性。集聚经济的实质就是外部性，外部性强调了经济主体之间不依靠市场价格机制产生的效应。它不受企业自身规模等内部性影响，而取决于整个产业、集群或者市场的规模，这是因为共享区位使得相邻企业之间相互获得了“免费服务”和“免费收益”。

外部性按照不同的表现形式可以分为技术外部性和货币外部性。技术外部性是指由于技术的外溢和扩散，产生了非市场的交互作用，这种交互作用通过直接影响某一个人的效用或某一个企业的生产函数来实现。技术外部性又被分为马歇尔-阿罗-罗默外部性（简称“马歇尔外部性”）和雅各布斯外部性。马歇尔外部性是指由特定区域中同一行业的企业之间产生的外部性，雅各布斯外部性是指特定区域中不同行业之间的外部性。货币外部性是指前后相关联的企业通过价格机制来降低企业的成本而产生的效应。

另外，空间溢出效应是一个与外部性类似的概念，外部性从作用范围上可以分为地理外部性、产业外部性和时间外部性。空间溢出效应可以归属于地理外部性的一部分，它与直接影响相对应，认为地缘相近的区域将通过相互的协同作用来实现空间上的规模效应。空间溢出效应强调的是一个区域的经济发展对其他区域经济发展的带动作用。

1.2.3 产业集群和产业集聚

产业集群是指位于某个特定区域，相同行业或者通过行业间垂直或水平关系联系在一起的企业，为了获得不同寻常的竞争优势，以彼此的共同性和互补性相联结的重要集合。

英国新古典经济学家阿尔弗雷德·马歇尔（Alfred Marshall）最先引出产业集聚的概念，而后国内外学者对其进行了一系列广泛且深入的研究。研究发现，无论是经济发达国家还是经济发展稍弱的国家，在市场自发作用、政府扶持作用或者计划作用下，其各自具有竞争优势的产业基本上都在特定的地域空间范围内集中发展。例如美国硅谷的高科技产业、丹麦海宁的风车企业、新加坡的金融集聚、瑞士巴塞尔的医药产业以及我国中关村科技园区等，从这些例子中不难挖掘出产业集聚过程的规律特征：产业集聚是指为发挥自身的比较优势或者经济竞争优势，同一产业或关联产业的众多企业在特定地理区域内不断集中，各类资本在空间内累积堆叠的过程。

产业集聚与产业集群是两个密切相关而又有一定区别的概念，产业集聚强调的是企业在特定区域集中的过程，而产业集群是指同一或相关行业的企业在特定区域集中后，形成的一个相互促进、协调和竞争的，具有一定整体性竞争力的经济体。因此，产业集聚不一定能够产生产业集群，而产业集群一定是产业集聚的结果；产业集聚强调的是动态的过程，而产业集群强调的是静态的结果。

产业集群在集聚层面，还有三个重要条件：①相同或相关行业集聚；②企业之间有密切的互动关系；③能够产生集聚经济或外部性。

1.3 相关理论基础

1.3.1 系统论

美籍奥地利理论生物学家路德维希·冯·贝塔郎菲（Ludwig Von Bertalanffy）在20世纪40年代率先提出了系统论，他指出，系统是由相互作用、相互联系的若干部分组合而成的有机整体，在一定的环境中具有特定的功能，具有整体性、动态性、环境制约性、层次性、相关性等特征。在此基础上，许多科学家对该理论进行了大量的补充研究并发展形成了一套完整的系统科学理论体系。现今，系统科学理论已经被广泛应用于社会、经济、环境、交通运输等众多领域。

系统论反映了现代科学发展的趋势，反映了现代社会化大生产的特点，反映了现代社会生活的复杂性，因而它的理论和方法能够得到广泛的应用。系统论不仅为现代科学的发展提供了理论和方法，而且为解决现代社会中的政治、经济、军事、科学、文化等方面的各种复杂问题提供了方法论基础，系统观念正渗透到社会的各个领域。

当前，系统论是朝着以统一各种系统理论，建立统一的系统科学体系为目标的方向发展的。有的学者认为，随着系统运动产生了各种各样的系统论，而这些系统论的统一已成为重大的科学问题和哲学问题。

系统论认为所有事物都是由相互联系、相互制约、相互作用的元素组成，且具有一定结构和独特功能的整体。因此系统科学的研究范式主要围绕系统的整体性、层次性、动态性、目的性、开放性、稳定性、自组织性、突变性 8 大原理，展开系统建模、系统分析、系统评价、系统优化等工作。

（1）整体性

系统整体性原理是系统论的核心思想，认为世界是关系的集合体，而非实物的集合体。任何事物都可归结为一个由内部各要素之间相互关联、相互作用形成的有机系统整体。要素是整体中的构成部分，整体是要素结合的产物，如果将要素从系统整体中割离出来，它将失去要素的作用，正如手在人体中是“劳动的器官”，一旦将手从人体中砍下来，它将失去“劳动的器官”这一职能。同理，人体一旦失去了手，整体的劳动能力则会极大削弱，甚至产生机体的坏死。

（2）层次性

系统层次性原理是指，系统的要素、作用、结构、功能、目标等差异使各系统组织形成等级秩序性和相对隶属性。系统由要素构成，而系统本身又是其所隶属的高级系统的要素，因此系统论中所定义的系统，实际上只是相对于子系统（要素）而言的，而它自身则是上级系统的子系统（要素）。高层次系统是由低层次系统构成的，高层次包含着低层次，低层次属于高层次。高层次和低层次之间的关系，首先是一种整体和部分、系统和要素之间的关系：高层次作为整体制约着低层次，又具有低层次所不具有的性能；低层次构成高层次，同时受制于高层次，却也有自己相对独立的性质。正如有机体由器官组成，各个器官统一受有机整体的制约，但与此同时，各个器官在发挥自己的功能时，又有着一定的独立性。一个系统如果没有整体性，这个系统也就崩溃、不复存在了；与之相反，如果一个系统中的要素完全丧失了独立性，整体就会变成铁板一块，这时，系统也就不存在了。

（3）动态性

系统动态性原理的基本内容可概括如下：一切实际存在的系统在其内部要素运行与外部环境交互的作用下，将处于无序与有序、平衡与非平衡的状态转化之中，并必然经历系统形成、均衡、进化、衰退、崩解等一系列不可逆过程，即系统的演化。也就是说，系统的存在本质上是一个动态过程，系统结构是动态过程的外部表现，而任一系统作为过程又是构成更大过程的一个环节、一个阶段。

（4）目的性

系统论的任务，不仅在于认识系统的特点和规律，更重要的还在于利用这些特点和规律去控制、管理、改造或创造系统，使它的存在与发展能实现某些目标。也就是说，研究系统的目的在于调整系统结构及各要素之间的关系，使系统更好地完成其既定或人类赋予的系统目标。系统目的性原理是指，系统在与环境的相互作用中，在一定的范围内，其发展变化不受或少受条件变化及途径经历的影响，坚持表现出某种趋向预先确定的状态的特性。

近代科学思想观认为，目的性是作为机械性的对立面出现的。在很长的一段时间里，认为自然界整体就是一个复杂的机器或工艺品，其不同组成部分间并没有内在联系，物体或生物的行为可以从其组成部分和外界影响上来解释的机械论广受追捧，但机械论对于生命现象和非具象化事物的描述和刻画，尤其是对有机生命体的解释却有所不足。系统科学的兴起，赋予目的性全新的科学解释，系统论学者们从系统的复杂行为出发探究了系统的生物行为，并提出“一切有目的的行为都可以看作负反馈调节的系统性过程”这一系统目的性原则，突破了传统机械论“事物组成部分无关联”的局限性。“目的”概念也从对生物行为的描述拓展到用来描述一般非生物系统行为。

（5）开放性

系统开放性原理是指，系统具有不断与外界环境进行物质、能量、信息交换的性质和功能，系统向环境开放是系统得以向上发展的前提，也是系统得以稳定存在的条件。在事物的发展变化中，内因是变化的根据，外因是变化的条件，外因通过内因而起作用。为使外因通过内因而起作用，就需要系统与环境之间、内因与外因之间发生相互联系和相互作用。否则，内因就只能滞留于内因之中，而外因则总是处于内因之外，而内因对于外因来说，只是潜在可能性。系统总是处于与环境的相互联系和相互作用之中，通过系统与环境的交换，潜在的可能性就有可能转化为现实性。于是，通过开放，内因与外因发生相互作用、相互转化，引起系统发生质量互变。最初是系统从环境引入某种量的变化，在发生某种量的变化之后进一步发展，终于发生了质的变化，量变转变成质变，进而又开始了新的量变。

(6) 稳定性

系统稳定性原理是指，在外界作用下开放系统具有一定的自我稳定能力，能够在一定范围内自我调节，从而保持和恢复原来的有序状态及原有的结构和功能。与机械论所提及的静止与平衡即为稳定的观点不同，系统的稳定性是系统在发展和演化之中的稳定性，是一种开放和动态的均衡。系统的稳定性原理，并不仅仅就稳定性来谈稳定性，而是在稳定与失稳的矛盾之中来把握稳定性，强调的是“维稳”的过程，一个组织系统之所以在受到干扰后能够迅速排除偏差，恢复到正常的稳定状态，其关键在于系统的稳定性所赋予的“负反馈调节”功能。任何时候、任何条件下，系统之中总是存在涨落和动态均衡，这就表明系统的稳定性总是不确定的，系统一直在稳定与不稳定状态之间转换。当涨落在一定条件下得以放大，超出了系统在原先条件下保持自身稳定的条件时，系统保持自身稳定的能力遭到破坏，便会使得系统整体上失稳，从而引起系统新一轮的自组织调节并进入新的稳定态。正是系统的这种动态稳定性为系统的自组织演化发展提供了原动力。

(7) 自组织性

系统自组织原理是指开放系统在系统内外两方面因素的复杂非线性作用下，内部要素的某些偏离系统稳定状态的涨落可能被放大，从而在系统中产生更大范围、更强烈的“应激行为”，使失去稳定性的系统各要素再次从无序到有序，从低级到高级的特性。系统自组织性对推进科学理论的发展具有十分重要的意义，20 世纪 60—70 年代兴起的耗散结构理论、协同学、超循环理论、突变论、混沌学和分形学均是在探讨系统自组织演化问题的过程中发展起来的。耗散结构理论强调系统自组织演化的前提条件；协同学阐述了子系统之间的竞争和协同推动系统从无序到有序的演化；超循环理论指出相互作用构成循环，提出了循环等级学说，从低级循环到高级循环，不同的循环层次与一定的发展水平相联系，揭示了系统的自组织演化发展采取了循环发展形式；突变论与系统自组织演化的相变理论密切联系在一起，揭示原因连续的作用有可能导致结果的突然变化，揭示出相变的方式、途径及多样性；对混沌学和分形学的研究，使得我们对于系统自组织的复杂性、系统自组织发展的整个过程有了更深刻的理解。

传统思维把系统中的涨落仅仅看作某种不利于系统稳定存在的因素，在系统的自组织理论中，涨落则被赋予了新的意义，“涨落有序”是系统自组织理论中的核心思想。首先，涨落是使系统从低级有序进化为高级有序状态的诱因。没有涨落促使系统偏离原来的状态，就不可能呈现更高级的功能和结构。其次，通过涨落，个别子系统超越常态并衍生新的功能特征，当新的功能结构得到其他子系统的响应并在整个系统内得以放大时，系统就被诱导进入新的或更有序的状态，这便是系统的自组织性，通过“涨落有序，趋稳升级”使系统合乎规律的运动通过随机性表现出来。

(8) 突变性

系统突变性原理是指，系统通过“失稳”从一种状态进入另一种状态的突变过程，它是系统质变的基本形式之一。

突变理论研究的是动态系统的变化特征，在系统科学中也被称为“相变”。相变有平衡相变和非平衡相变之分：平衡相变形成的新结构是一种“死结构”(如结晶)；而非平衡相变形成的是一种“活结构”，该结构只能在开放系统条件下依靠物质和能量的耗散来维持其稳定性，系统自组织演化的相变便是非平衡相变的一种表现形式。此外，从无序到有序，从一种耗散结构到另一种耗散结构，从低级循环到高级循环，从一种有序态到另一种有序态，从一种混沌态到另一种混沌态，都是系统非平衡相变的演化特征。

通常学者们会在两层意义上谈论突变，一层是在系统要素的层次，另一层是在系统的层次。生物学中所谓的基因突变就是在系统要素的层次来谈论突变的。对于系统要素的突变，如果从系统整体上看，可以被看作是系统之中的涨落，不论是个别要素的结构功能发生了变异，还是仅仅是个别要素的运动状态显著不同于其他要素，都可以一律看作是系统中要素对于系统稳定的总体平均状态的偏离。系统中要素的平衡是相对的，不平衡才是绝对的。系统中要素的突变时常发生，突变成为系统发展过程中的非平衡性因素，是稳定之中的不稳定，统一之中出现的差异。当这种差异得到系统中其他子系统要素的响应时，子系统之间的差异进一步扩大，便加大了系统内的非平衡性。特别是当它得到整个系统的响应时，涨落放大，整体系统一起动起来，系统发生质变，进入新的状态。

1.3.2 系统动力学

系统动力学出现于 1956 年，创始人为美国麻省理工学院的杰伊·W. 福瑞斯特（Jay W. Forrester）教授。系统动力学是福瑞斯特教授于 1958 年为分析生产管理及库存管理等企业问题而提出的系统仿真方法，最初叫工业动态学。这是一门分析研究信息反馈系统的学科，也是一门认识系统问题和解决系统问题的交叉综合学科。从系统方法论来说，系统动力学是结构、功能和历史的方法的统一。它基于系统论，吸收了控制论、信息论的精髓，是一门综合自然科学和社会科学的横向学科。

系统动力学运用“凡系统必有结构，系统结构决定系统功能”的系统科学思想，根据系统内部组成要素互为因果的反馈特点，从系统的内部结构来寻找问题发生的根源，而不是用外部的干扰或随机事件来说明系统的行为性质。

系统动力学对问题的理解，是基于系统行为与内在机制间相互紧密的依赖关系，透过数学模型的建立与应用而获得的，逐步发掘出产生变化形态的因、果关系，系统动力学称之为结构。所谓结构是指一组环环相扣的行动或决策规则所构成的网络。

系统动力学是在总结运筹学的基础上，为适应现代社会系统的管理需要而发展起来的。它不是依据抽象的假设，而是以现实世界的存在为前提，不追求“最佳解”，而是从整体出发寻求改善系统行为的机会和途径。从技巧上说，它不是依据数学逻辑的推演而获得答案，而是依据对系统的实际观测信息，建立动态的仿真模型，并通过计算机试验来获得对系统未来行为的描述。简单而言，系统动力学是研究社会系统动态行为的计算机仿真方法。具体而言，系统动力学包括如下几点：①系统动力学将生命系统和非生命系统都作为信息反馈系统来研究，并且认为，在每个系统之中都存在着信息反馈机制，而这恰恰是控制论的重要观点，所以，系统动力学是以控制论为理论基础的；②系统动力学把研究对象划分为若干子系统，并且建立起各个子系统之间的因果关系网络，立足于整体以及整体之间的关系研究，以整体观替代传统的元素观；③系统动力学的研究方法是建立计算机仿真模型、绘制流图和构造方程式，通过实行计算机仿真试验，验证模型的有效性，为战略与决策的制定提供依据。

1.3.3 新古典经济学增长理论

以索洛斯旺模型（Swan，1956）为代表的新古典增长理论模型，建立在规模收益不变、生产要素的边际收益递减和生产要素之间的可数性三个假设前提下，利用新古典生产函数开发了一个新的视角。该模型认为经济增长是资本积累的过程，其对经济总体的增长贡献来自劳动、资本和技术进步。由此可以推导出无论从任何一点出发，长期内一国的经济都会逐渐向平衡增长路径收敛，直至均衡的“稳态”。离均衡状态越远则收敛强度越大，即经济不发达的国家将拥有比发达国家更快的增长速度，进而可以缩小不同国家间的收入差距，实现经济的趋同。索洛（1957）通过对美国工人人均产出的增长率进行研究，提出了令研究者为之震惊的结论：从长期来看，物质投资并不是经济增长的源泉，唯有外生的技术不断地提高，才能够保证经济的持续增长。在此基础上，索洛认为这种技术进步是收入增长中无法用劳动和资本投入来解释的部分。因此，这种技术进步即全要素生产率，被视为“残差”或者“黑箱”。

然而，新古典经济增长理论模型的微观基础是建立在完全竞争和规模报酬不变的假定之上的，由资本积累和劳动投入所带来的经济增长最终会因要素边际报酬的递减而消失。在此种情况下，技术进步只是一个外生的“投入产出黑箱”，它在具体的计量估算中被作为“余值”来处理，因此不能看出经济增长的内在机制是如何起作用的。按照这个逻辑，只要能够改善落后地区的各投入要素，那么地区间的经济增长就会自然而然地走向趋同，实现共同富裕，但这在现实世界中并不一定可行，因此，在不完全竞争的框架下，产生了新经济地理学理论。该理论认为经济的空间集聚不仅依赖资源禀赋，还受到了由经济集聚所产生的外部性的影响。它强调了市场规模的循环累积和内生形成，更加能够合理地解释出经济增长中的索洛余值，并且也进一步地将索洛余值的黑箱打开了。

1.3.4 集聚的相关理论

与集聚相关的理论可以将整个经济现象展现到一张图景上，并能够对图景的不同分布、结构和演化进行合理的抽象、简化和解释。

1. 早期的集聚理论

古典经济学理论探讨了影响财富积累和生产率增长的因素。亚当·斯密

(1902) 认为商品的交换产生了社会分工，社会分工的不断深化促进了劳动生产率的提高，并成为经济增长的重要来源。其原因在于：①专业分工使工人不断地重复相对简单和单调的技能，进而达到熟能生巧；②专业分工节约了从一项生产环节转向另一项生产环节时会损失的时间；③专业分工的不断深化，推动了大量简化和节约劳动的机械发明，使一个人能够做多个人的工作。因此，这种分工带来了比独立生产更多的产出，也使每个参与劳动分工的工人获得了比独立生产更高的劳动报酬。他还提出了"斯密定理"，即分工的程度受市场范围和规模的限制，这种限制也与地理位置、自然资源和人口密度有关，例如，他认为对于一个搬运工而言，职业发展必须布局在一个大城市中，一个小山村或者一个普通的乡镇都不足以为他提供长期的工作。可见，在斯密的古典经济增长理论中，已经对经济的分布和经济集聚有了一定的涉及，其分工理论与新经济地理学理论也有着重要的关联，即经济集聚让大量的企业和工人集聚在了一个相对接近的区域，为劳动分工创造了有利的环境。例如，产业集群的兴起将一个产品外散到了多个低门槛的生产环节，从而让贫困人群能够参与到产业分工中，并且享受到专业分工所带来的福利。因此，有学者认为对产业集聚的分析可以追溯到斯密的古典经济学理论，但该理论主要采用的是文字描述或者图表说明，并没有用到数理工具进行分析。

阿尔弗雷德·韦伯（2009）从企业区位选择的角度对经济集聚进行了研究，提出了工业区位理论，该理论聚焦工业分布的影响因素，认为区位选择是影响因素之一，企业更倾向于选择低成本地区展开生产经营活动。韦伯认为区位因子决定了企业的选址，区位因子费用最小的区位是最好的区位。这些区位因子包括：运输费、劳动费、集聚和分散。在完全竞争市场条件下，小企业不能改变市场所决定的销售价格，只有通过将工厂建在区位因子费用最低的区位，才能够实现收益最大。当所有企业都按照这一原则来确定建厂的区位时，就实现了企业在特定区域的集聚，这些集聚的企业比单个分散的企业能够获得更多的收益并节约更多的成本。根据区位因素的影响范围，韦伯将影响集聚的因素进一步分为特殊性因素和一般性因素。特殊性因素是指仅对一些类别的工业的区位选择造成影响的因素，包括便利的交通条件和丰富的资源禀赋等，这类因素依赖工业的独特性质，因此特殊性较强。一般性因素则是指对各类工业的区位选择都或多或少存在影响的因素，如运输成本和人力资源等，这类因素适用性较强。由于特殊性因素并不具有理论一般性，因此，韦伯更加着重于一般性因素的研究。一般性因素包括：①对专业化技术设备的需求；②对专业化劳动力组织的需求；③市场化因素，该因素导致了企业的集聚可以最大限度地批量购买和销售产品；④经常性开支成本，该因素促使企业之间共享煤气、自来水等基础设施。韦伯的工业区位理论推进了产业集聚理论的进一步发展。

阿尔弗雷德·马歇尔（1920）提出了产业区的概念，这被认为是“产业集群”的原始概念。在新古典经济理论的框架下，他认为形成产业集聚的原因主要有：①自然条件，如原材料运费很高的产业往往会在原材料产地集聚；②需求条件，在这种条件下，企业倾向于靠近市场建厂；③政治（文化）影响。另外，他认为企业在特定区域集聚是为了获取外部性带来的收益。外部性的存在产生了锁定效应。马歇尔认为集聚的外部性包括了以下几个方面：

第一，劳动力蓄水池效应。他认为，一方面大量在特定区域集聚的企业可以共享专业化的劳动市场，保证了企业无论在“好时光”还是“坏时光”的劳动力供给；另一方面对于工人而言，具有大量企业集聚的区域是寻找就业机会的良好选择，降低了工人的失业率。

第二，中间投入品共享效应。对中间投入品相同或类似的需求，使得相同和相关行业（辅助行业）在特定区域集聚，让企业可以获得多种多样、单位成本低、专业化的中间投入品（如大型机械设备等）。实际上，这也强调了经济集聚对投入品和产出品运输费用的节约。

第三，知识溢出效应。同一行业的企业和工人在同一区域的集聚存在着三个有利于知识溢出的条件：①企业之间存在密切的正式或非正式的交流；②劳动力和人才在集聚区域内部流动；③企业家和工人具有的知识背景、技能条件都十分接近甚至相同。在这三个条件下，很多行业的秘密不再是秘密，新知识、新技术和新思想都得到了传播和应用。马歇尔甚至认为这种知识就像在空气中存在一样，小孩子都可以无意识地学习到相关知识。这些因素在一定程度上是集聚的优势，同时也与集聚形成的原因密不可分。

马歇尔认为规模经济一方面可以来自企业的内部环境，另一方面也可以来自企业外部环境，并且经过对比分析后发现，外部规模经济对产业集聚的影响更大。他阐述了产业集聚区域能够形成的多个因素：厂商在空间中趋于集中分布加速了专业化供应商的产生；企业间的沟通更加密切，促进了技术溢出；厂商高度集中有助于共享劳动力市场，节约了人员使用成本。马歇尔的规模经济因素成为后来产业集聚理论深入发展的基础。

约翰·冯·杜能（2009）被认为是产业集聚研究的鼻祖，他提出了著名的"杜能圈"，即在空间均质的假设前提下，农业生产将围绕中心城市呈现向心环带状的分布特点。他认为经济集聚的向心力主要来自四个方面：①大规模的工厂化生产能够节约手工劳动的费用，产生更高的劳动生产率；②工厂的规模取决于市场对其生产产品的需求；③分工与工厂规模紧密相关；④因为工厂和车间的距离足够短，能够互相协调生产，所以工厂的分布是社区性的。这些内容已经具有产业集聚向心力的雏形：单个厂商水平上的规模报酬递增、经济总体中代表先进部门的制造业份额与对制造业产品的需求大小、制成品的专业化生产和部门间技术外溢。

2. 新经济地理学理论

在马歇尔、韦伯之后，关于经济集聚的研究一度游离于主流经济学之外。所幸的是在过去 20 年中，经济世界的不平衡让空间经济学受到了广泛的关注，以汉德森、藤田昌久、克鲁格曼等为代表提出的新经济地理学的兴起，将空间的概念引入到了主流经济学的分析框架中，使经济集聚回归到了科学的经济学研究框架中。

新经济地理学也被称为"空间经济学"，是研究经济活动发生在何处、为什么发生在此处的理论，它被认为是经济学研究中关于收益递增和不完全竞争的第四次革命，甚至被认为是经济学最后的前沿，该理论也是本书主要的理论基础之一。新经济地理学建立在规模报酬递增和不完全竞争的假设基础之上，它将 Dixit-Stiglitz 的垄断竞争模型（D-S 模型）发展为 Dixit-Stiglitz-Krugman 垄断竞争模型（D-S-K 模型），以解释经济集聚现象。与传统的经济增长理论所强调的"地理第一天性"的要素供给对经济增长的影响不同，新经济地理学强调的是"地理第一天性"和"地理第二天性"的共同作用。新经济地理学理论主要包括了以下三个方面：

第一，规模报酬递增。规模报酬递增是新经济地理学区别于新古典经济学的一个重要假设。保罗·克鲁格曼（1991）认为规模报酬递增在本质上是一个地方的现象，具有密切经济关联的产业由于地缘接近，因而产生了由规模经济所带来的成本节约。当企业的产量处在一个较低水平时，随着生产量的增加，固定成本会相对不变或者明显降低，投入成本的变动比例远小于收入的变动比例，这就是规模报酬递增。一方面，生产规模的不断扩大，有助于提高企业生产设备和资源投入的利用效率，创造更多的收入，获得更大的利润，促使劳动力和资本的分工更加细致；另一方面，生产能力的提升和平均生产成本的降低，有助于强化企业在市场上的竞争优势，吸引到更多顾客，促进产品需求持续上涨，促使生产规模进一步扩大，如此循环往复，最终这种良性反馈也会使生产厂商在区域内高度集中。

第二，空间集聚。空间集聚与规模报酬递增密切相关，克鲁格曼认为产业集聚是由价格指数效应和本地市场效应这两种力量联合作用而产生的。具体而言，价格指数效应阐述了由于运输成本的存在，工业企业集聚的区域消费者价格指数较低。因此，如果存在名义工资率相同的集聚区域和非集聚区域，那么企业集聚区域的工人将可以获得更高的实际工资，这将促进工人向集聚区域流动，对于企业而言，他们也可以通过支付相对较低的名义工资来吸引劳动力，这被认为是一种前向关联，即与产出相关联。本地市场效应是指由于运输费用的存在，企业倾向于将工厂建在市场需求较大的区域，即市场潜能较大的区域。企业的集聚将导致劳动力数量在该区域增加，相应带来消费者数量的增加将提高对当地制造业产品的需求，而对制造业产品的需求增加又将导致企业的进一步集聚，这是一种后向关联，即与投入相关联。产品从仓库发往零售点的过程中会产生运输成本，如果产业链上下游的企业在地理空间中集中分布，就能够显著降低中间投入品的在途损耗，提高中间投入品的利用效率，并减少运输成本，吸引厂商进入产业集聚区展开分工协作。但当运输成本高到一定程度时，各区域市场之间由于成本压力过大不能建立联系，厂商只能选择就地进入供应市场，从而分散在不同的区域市场中。运输和中间投入的便利性进一步改善了产品的可达性，当运输成本不构成地区间贸易的阻碍时，区域内的集聚就会自发形成，并且在规模报酬递增的作用下，集聚程度将越发显著。另外，罗森塔尔和斯特兰奇（2006）认为集群行为也是产生集聚的一个原因，与集聚力量对应的是两个分散力量：市场拥挤效应和非流动效应。市场拥挤效应强调了企业集聚将导致激烈竞争；非流动效应强调了劳动力对土地和当地资源（如制造业产品的需求）的依赖性。

第三，路径依赖。克鲁格曼认为企业的集聚可能发端于历史渊源或偶然事件，然后通过循环累积因果效应使得集聚进一步强化和调整，进而产生了马歇尔所描述的锁定效应，这一过程也证实了集聚所带来的“中心-外围”的区域经济增长格局客观存在。当然，分散力量在与集聚力量的角逐中，也可能会产生预期和自我实现机制，即分散力量或特殊事件的产生，会使企业家看好另一个区域，并根据这个预期来采取“用脚投票”的集体行动，使得产业集聚中心转移或新的中心产生。

随着经济全球化和信息化的不断发展，“世界是平的”的理念越来越贴近现实世界，建立在距离、运输成本等因素上的新经济地理学似乎不再适用，但是地理距离仍然对经济增长起到了重要的作用，新经济地理学仍然是研究经济集聚现象、区域或产业经济增长等内容不可或缺的重要理论基础：

第一，劳动力等要素的流动仍然十分频繁，这种流动仍然受到了很大的限制和约束，距离对货物运输、劳动力流动和信息传递仍然产生了较大的影响；

第二，面对面的交流仍然比使用通信设备的交流有更多的优势，信息化仍然无法完全地替代生产和服务中面对面的交流；

第三，新经济地理学理论也在不断地发展和改善，运输成本更多地被交易费用的概念替代，距离也更加强调的是经济距离而不是简单的地理距离。

3. 竞争优势理论

迈克尔·波特（1990）正式提出了产业集群的概念。他将产业集群定义为在特定行业中，由同时具有竞争与合作关系且在地理上集中、有交互关联性的企业、专业化供应商、服务供应商、相关产业的厂商以及相关机构（大学以及制定标准化的机构、产业协会等）所形成的具有一定竞争力的经济体。他认为产业集群是一种不同于科层或垂直一体化的组织，并认为产业集群会通过三种形式来影响竞争：第一，增加企业或行业的生产率，产业集群内的企业更加靠近专业化的供应商、劳动力，他们拥有获得专业的技术信息、买卖信息等便利，这些都大大地降低了交易费用，提高了生产率；第二，在集群内的企业能够更清楚、更迅速地察觉到新的客户需求，增加企业的创新能力，进而提高生产率；第三，通过促进新业务的形成、鼓励新企业的产生，扩展并强化产业集群自身，影响竞争。波特还认为产业集群产生的作用与实现产业的国际竞争力有重要的联系，产业集群的形成是经济发展的基本因素之一。他将成功集群所具备的共同要素整合成了著名的“钻石模型”。

4. 外部性理论

集聚外部性是引发集聚效应的核心因素。马歇尔发现中间产品投入、人才迁移和知识溢出效应引起的外部经济推动企业在空间趋于集聚。外部性与集聚效应无法分割开来，前者推动企业不断靠拢形成集聚区，产生集聚效应；而后者积累到某个阈值后反作用加剧外部性存在的程度。具体表现为：

1）企业在空间范围内的集中驻扎使得原材料的投入和产出在区域内更方便交换，进而促进企业间的分工协作，提高行业运作效率。

2）企业在地理范围内集中分布，原料供应商也会受到集聚区的吸引力，在集聚区附近选址生产，不仅利于保证制造商所需的产品与服务货源充足，而且地理距离的靠近能够加强供应商与制造商之间的合作和共赢。

3）企业在地理范围内集中分布，提供了大量的工作岗位，招揽了有能力有知识的各类技术人才，集聚区的企业不必在招聘人员方面付出太多的时间和金钱，降低了人力成本。

4）企业在地理范围内集中分布，缩短了企业和顾客之间交流沟通的疏远感，顾客能够及时向企业反馈产品的使用感受，企业接收到这些信息后能够更迅速做出调整，有利于改进工艺，并进行技术更迭。

5）企业在地理范围内集中分布，依靠距离优势，不同企业的人员往来更加密切，竞争与合作更加频繁，能够创造更多的新想法新思路，加速企业的成长与进步，形成知识技术外溢性。

关于集聚外部性的看法，学术界众说纷纭，但归纳起来有以下几种观点，具有代表性。一是马歇尔外部性，赞同知识与技术的溢出源自生产的专业化和市场的垄断；二是雅各布斯外部性，赞同知识与技术的溢出源自多样性的需要和企业间的竞争；三是波特外部性，赞同知识与技术的溢出源自生产的专业化和企业间的竞争。

(1) 马歇尔外部性

马歇尔外部性也称 MAR 外部性，该理论以专业化产业集聚为核心，认为同一产业集聚促进了经验积累与技术共享。20 世纪 20 年代初，马歇尔率先发现行业内的企业在地理空间中集聚引起人才和技术的集聚与创新，产生知识溢出和技术溢出效应，不仅改善了企业自身的生产效率，也提高了行业整体的经济效益。几十年后，有研究者在此基础上对知识与技术溢出和经济增长之间的关系进一步展开分析，其中，保罗·罗默借由内生经济增长模型证明知识溢出效应和技术溢出效应源于企业内部环境中的竞争与合作。20 世纪 90 年代时，通过对现有理论和研究结果的总结与归纳，格莱泽等人认为 MAR 外部性即为同属一个行业的许多企业在空间范围集中分布产生的知识溢出效应。这种外部性之所以产生是因为空间范围内相同或相似产业不断集聚扩大，专业化生产覆盖率不断提高，技术创新力量不断增强，多方面的经验叠加后推动了集聚区内企业共享知识和技术进步的效益。

（2）雅各布斯外部性

雅各布斯外部性也称 Jacobs 外部性，该理论以多样化产业集聚为核心，认为除了相同或相近产业能够促进技术进步和区域效益提升，不同属性的行业之间的优势劣势能够进行互补与融合、竞争与合作，多维的思想与知识在沟通交流中也能够提升创新效率，促进经济发展。演化经济地理学家弗兰肯通过详细分析产业多样性具备的共性与特性，围绕产业之间的关联程度差异，将产业的多样性进一步划分为相关多样性产业和非相关多样性产业，并且建立了理论框架，利用相关数据实证分析后发现关联程度较高的多样性产业产生的知识技术溢出效应比关联度较低的多样性产业更为显著。

（3）波特外部性

波特外部性也称 Porter 外部性，该理论以企业竞争促进行业进步为核心，既凸显追逐低成本的态度也强调技术创新的关键作用，认为良性竞争可以促进人才对知识的利用与创新，激发技术改善的积极性，而恶性竞争则会遏制企业之间的协同步伐。同一产业内企业的空间集聚达到一定规模后能够产生知识溢出效应带来区域增长，且企业主体之间的竞争可以有效提高技术创新的效益和效率，保持企业在区域内的竞争优势。

现有研究中有关马歇尔外部性、雅各布斯外部性与波特外部性的定性定量分析受到研究角度和方法的影响，选取的研究样本和时间跨度也不尽相同，导致研究结果并未达成共识。但多数文献在分析结果时发现三种外部性的作用方向既有正向也有负向，产生的总效应程度存在差异性，而且这种非单向影响效应大体上是共存的，能够互相作用，互相影响。

5. 产业集聚常用度量方法

学者们通过区位熵、空间基尼指数、洛伦兹曲线等不同的方法从集聚水平的角度对产业集聚区演化状态进行了研究。这些方法中既有侧重产业整体经济活动密度的测算，也有侧重企业之间地理距离远近的测量，且不同方法对样本选择的要求也有所不同。

1）行业集中度（CR_n）。行业集中度关注的是某一产业在不同地区的集聚，可以用区域有关数值（销售量、就业人数、产值等）在整个行业的占比来度量。计算公式为前 n 个地区的总产值占整体区域总产值的比例。CR_n 的值越大，表示产业集聚程度越大。

2）赫芬达尔指数（H）。赫芬达尔指数在许多文献研究中都有所应用，重点关注企业在市场中的竞争和垄断情况，通过计算企业在行业内占据的市场份额反映产业集聚程度，产业集聚水平与赫芬达尔指数之间呈正相关关系。

3）区位熵（LQ）。可以称作地方专门化率，侧重衡量产业集聚相关要素在空间中的分布模式属于随机、集聚还是分散，可以有效避免由于地区规模差异导致的内生性问题。通过计算给定区域内产业的产值占国家产值的比重，判断要素在地区内的空间分布情况。LQ 的值越大，要素资源优势越突出，该地理空间内的产业集聚规模越大。

4）空间基尼系数（G）。20 世纪 90 年代初克鲁格曼在研究产业集聚问题中借助“中心–外围”模型展开分析，通过计算空间基尼系数（$0<G<1$）来衡量产业集聚的程度，空间基尼系数的测算值越接近 1 则表示产业集聚水平越高。学者们多聚焦不同地区之间某一产业的集聚程度，利用该系数测算各地理区域的产业集聚水平，发现不同地区产业的空间集聚发展态势有所差异。

5）E-G 指数（γ_t^{EG}）。埃里森和格莱泽则在空间基尼系数的基础上进一步绘制出了洛伦兹曲线，丰富产业集聚度量的维度，定义为 E-G 指数，更为全面地反映产业集中度的变化趋势，用以判断相应产业在空间的集中程度。E-G 指数与产业集聚态势呈正相关关系。

6）M-S 指数（γ_t^{MS}）。摩尔和塞迪约在 E-G 指数的基础上赋值一个概率 P 代表对任意两个企业是否选择在同一区域的可能性进行修正，为企业进行选址时创造更多的可能性，定义为 M-S 指数，与上述介绍的 E-G 指数的不同在于计算上仅分子项有所不同，两种指数的计算结果选取一种即可。

7）DO 指数。以杜兰顿和奥弗曼命名的 DO 指数需要借助高斯核函数间接判断产业集聚程度。由于该指数不能直接用来判断产业集聚水平的动态演变情况，故 DO 函数通过统计检验的思想，比较实际观测值和假设随机分布的值，只要实际观测值通过检验大于假设随机分布的值，即认为产业分布模式趋于集聚。

8）*M* 函数。马尔孔和普埃奇则在 DO 指数的基础上进行深入修正，对距离测算时受到的空间尺度影响进行适当优化，提出 *M* 函数。利用 *M* 函数测算的结果比较基准是 1，当 $M=1$ 时，说明产业和总体经济活动具有同样的分布形式；当 $M>1$ 时，说明在划定半径范围内某一行业在地理空间内呈集聚分布，*M* 函数值越大则产业集聚度越高；当 $M<1$ 时，说明某一行业在地理空间内呈分散分布。

9）Moran's *I*。也称莫兰指数，但不同于上述测算方法，该指数从空间自相关的角度，通过引入空间权重矩阵来表示空间相邻性，根据要素或现象自相关正负向的变化程度来判断某一产业在地理空间中的分布模式属于集聚、随机还是分散。

1.3.5　耦合理论

耦合最初是来源于物理学中的一个概念，当两个或多个物体的运动形式之间存在相互作用和相互影响时，这种物理现象则被称为耦合。如两个单摆之间用一根弹簧相连接，整体的震动就会呈现出两个单摆彼此起伏并相互影响的现象，该现象被称为单摆耦合。类似地，当研究 A 系统与 B 系统之间的相互作用关系时，以它们各自的耦合元素为连接，双系统间彼此作用、相互影响的现象即称为 A 与 B 耦合。

1. 系统耦合理论

随着各个学科之间逐渐展开交叉与融合，耦合理论不仅适用于工程、物理等自然学科中的深入研究，也对社会、经济、管理等社会系统科学领域研究有所助益，并形成了系统耦合理论。系统耦合理论强调两个子系统之间存在的交互作用，针对系统间的相互渗透、相互依赖、相互协调、相互配合的动态变化关系给予整体性描述。借鉴物理学中的容量耦合概念和容量耦合系数模型，可以推演得到系统之间的耦合度模型和耦合协调度模型，评判产业集聚系统和生态环境系统的交互关系和协调情况。具体的公式如下：

$$Y = cH_i + dG_i \tag{1-1}$$

$$Z = \sqrt{\frac{H_i G_i}{(H_i + G_i)^2}} \tag{1-2}$$

$$E = \sqrt{YZ} \tag{1-3}$$

式中，Y表示耦合系统的作用关系；c、d分别表示两个系统的权重；H_i和G_i分别表示两个有耦合关系的系统在i年的综合发展水平；Z是两个系统的耦合度；E是两个系统的耦合协调度。由于耦合度仅能反映出两个系统交互作用程度的大小，交互作用大可能是良性交互关系也可能是恶性交互关系，因此需要进一步对两个系统的耦合协调性进行度量，耦合协调度兼顾了交互作用大小和协调水平两个分析维度，所以被广泛应用于不同系统间协调发展关系研究。

2. 耦合类型特征

1）按照外在因素参与程度，产业集聚系统与生态环境系统的耦合类型可分为区域生态环境系统独立反馈调节耦合和产业集聚系统参与互动耦合两种。前者是指两个系统间的耦合不受生态环境系统以外的其他条件干扰，如人类的生产生活强调生态环境系统组织内部从混沌无序到井然有序的动态演变；后者则是指产业集聚发展对生态环境系统产生外部性作用，打破了生态环境系统原本的平衡，强调人类的产业发展活动影响了区域整体复合巨系统的耦合协调度。

2）按照生产生活对自然环境的影响程度，产业集聚系统和生态环境系统的耦合类型可分为转变性耦合、适应性耦合和调节性耦合。随着工业化发展进程的推进，产业集聚发展过程中对自然资源的开发与利用程度加剧，当生态环境承载力难以支撑外界破坏力时，生态环境质量发生根本性的转变，即为转变性耦合；当产业集聚发展的速度与自然环境自我调节能力相匹配，并未扭转生态环境质量时，即为适应性耦合；当人们以生态环境保护先行，适度扩大产业集聚规模，通过政府、企业和社会的政策制度注重生态文明建设，实现产业发展与环境保护协调可持续时，即为调节性耦合。

3. 耦合作用机制

自然生态环境中的热能、风能、水能和光能等各类能量的产生和转换、资源存量的消耗和循环均对整体复合系统具有影响作用。生态环境为产业集聚发展提供原材料，为人类生存提供适宜的居住环境，而产业集聚带来的资源流动和转换也加速了生态环境的演变，当经济发展与自然环境能够协同发展时，两者达到系统耦合的状态。但当产业集聚的负外部性抵消规模经济带来的益处时，反作用将影响两者的耦合协调水平，造成污染集聚、生态退化、污染转移和生物多样性锐减，最终限制产业集聚的发展，并威胁到人类自身生存安全。综上，产业集聚系统与生态环境系统会在动态演变过程中经历耦合的不同阶段和状态。因此，既要发展产业集聚，也要保护生态环境，实现产业集聚和生态环境的协调可持续，才能够达到生态环境与经济发展的真正耦合。

1.4　研究方法

1.4.1　统计分析法

统计分析方法能够较直观地判断和对比不同个体或区域的各经济变量的大小、结构、变化趋势、可能的相关性等特征，针对统计分析，本书将做如下工作：

第一，描述统计分析。本书将对与经济集聚和生态环境相关的变量进行最简单和直观的描述统计分析，并且采用核密度估计方法来更好地捕捉观测值的分布特征。

第二，进行空间统计分析。本书中的空间统计分析包括了绘制空间分布图、全域自相关分析和局域自相关分析。空间分布图能够描述和可视化观测值在空间中的分布特征，直观地判断出区域的异质性和集聚；全域自相关分析和局域自相关分析通过科学计算，能够研究出各变量的空间相关性。

1.4.2　计量经济学方法

计量经济学方法是进行经济理论研究和实际经济分析中一种主流的实证方法。它以识别因果效应为核心，是检验经济理论假说的主要工具。

另外，由于经济集聚现象与空间区域的关系紧密，所以本书将采用空间计量经济学模型来进行估计。作为计量经济学的一个分支，空间计量经济学研究的是如何在横截面数据和面板数据的回归模型中处理空间相互作用（空间自相关）并进行空间结构（空间异质性）分析。

1.4.3 规范研究

上述两类方法都可以归属于实证研究方法，它们着重于回答“基本事实是什么”，不涉及价值判断，但是，经济学分析绝对不能走入“为了模型而模型”的误区，经济学的分析还需要基本的价值判断以作为补充，要提出“应该怎么样”的规范性命题。为此，本书还将以规范研究作为实证研究的补充，希望能够对政府部门的政策制定提供建议。

第2章 国内外研究现状

产业集聚理论由英国新古典经济学家马歇尔提出，其理论体系在经历了“工业区位论”“竞争优势理论”以及“新经济地理学”等理论假说的发展后，得到不断的丰富和完善，并形成了多元化的理论学派。我们通过 Citespace 软件对国内外近 20 年的产业集聚领域进行了研究热点（见表 2-1）和研究趋势的分析（见图 2-1）。

表 2-1 近 20 年国内外产业集聚研究热点

序号	研究热点	代表文献
1	产业集聚的概念和形成机制	段文斌等（2016）、LU J Y 和 TAO Z G（2009）
2	发展产业集聚的意义和目的	赵昕（2017）、李婷玉等（2018）、MORENO-CRUZ J（2017）
3	产业集聚的形成条件	HILL 和 BRENNAN（2008）
4	产业集聚的类型及发展阶段	张彩江等（2016）、傅远佳和王晓松（2018）
5	评价产业集聚的方法及工具	Fukuyama H 和 Weber W L（2009）、LV X F 和 LU X L（2018）、WANKE P F（2013）
6	产业集聚与创新机制	张可（2019）、程中华（2015）
7	产业集聚测算与时空演变特征	ZHANG X（2014）、LI W C（2018）
8	生态化产业集聚与可持续发展	COSTANTINI V 等（2013）、CHENG Z H（2016）、SUN J（2018）

从图 2-1 可以看出，近 20 年的产业集聚相关研究在不同时期呈现出不同的

研究热潮，而近期产业集聚的研究焦点集中在专业化集聚、特定区域集聚现象及产业集聚与环境污染的相关问题上。

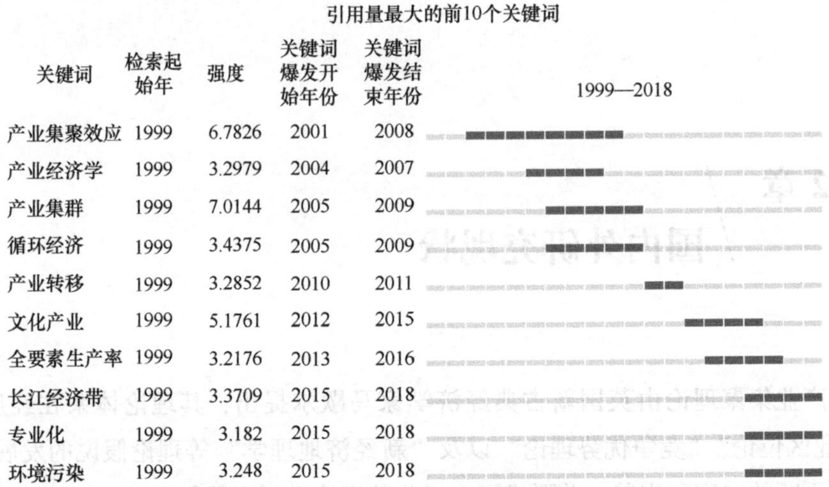
引用量最大的前10个关键词
关键词 检索起始年 强度 关键词爆发开始年份 关键词爆发结束年份 1999—2018
产业集聚效应 1999 6.7826 2001 2008
产业经济学 1999 3.2979 2004 2007
产业集群 1999 7.0144 2005 2009
循环经济 1999 3.4375 2005 2009
产业转移 1999 3.2852 2010 2011
文化产业 1999 5.1761 2012 2015
全要素生产率 1999 3.2176 2013 2016
长江经济带 1999 3.3709 2015 2018
专业化 1999 3.182 2015 2018
环境污染 1999 3.248 2015 2018

图 2-1 近 20 年国内外产业集聚研究趋势变化

Grossman 和 Krueger（1995）提出著名的环境库兹涅茨曲线假说：随着经济的发展，环境污染将逐渐加剧，当经济发展突破某一“转折点”时，环境污染状况会得到改善。该假设已经在西方发达国家得到了验证，环境污染作为产业集聚的一种负外部性效应，由于其远小于产业集聚的正外部性效应，学术界对生态环境与产业集聚关系的关注较少。然而，随着环境问题日益严峻，生态环境与产业集聚之间的关系引起了国内外学者的关注，并逐渐成为学术界研究的热点问题。

目前，国内外与本课题相关的研究主要集中在产业集聚和生态环境的关系、产业集聚系统的演化及产业集聚和生态环境耦合关系与耦合效应评价这三个方面。

2.1 产业集聚和生态环境的关系

近年来，学者们基于不同的视角和方法对产业集聚与生态环境的关系进行了辨析，并取得了一定的研究成果。同一产业集中在区域内的专业化集聚会具有马歇尔外部性，不同产业在空间中集聚形成的多样化集聚会具有雅各布斯外部性，源于市场竞争而非垄断的同一产业内集聚会具有波特外部性，兼顾产业水平联系和垂直互动关系的协同产业集聚，都是影响生态环境的重要因素。同时，集聚的技术溢出效应、结构效应、规模效应、竞争效应、知识溢出效应、拥挤效应之间相互作用，会对生态环境产生有利或有弊的影响。通过对生态效率、碳排放、能源效率、绿色经济效率、资源错配、城市热岛、污染排放的测算都可以衡量产业集聚对生态环境做出的改变。

1. 研究内容

利用 CiteSpace 文献计量软件，我们对近 20 年相关文献的关键信息进行关键词聚类分析，并以时间发展顺序为基准排列关键词顺序，得到如图 2-2 所示结果。从聚类分析可以看出，目前生态环境和产业集聚之间关系研究的文献主要分为产业集聚、环境污染、高质量发展、空间杜宾模型、可持续发展和集聚六个大类。

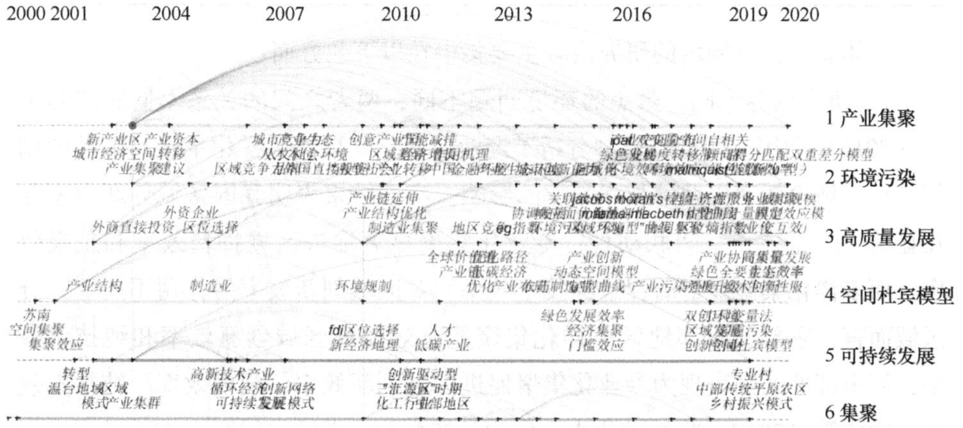

图 2-2 关键词聚类分析

表 2-2 为 CiteSpace 文献计量软件对我国生态环境和产业集聚关系研究中的关键词进行聚类分析后得到的关键词聚类结果，其中，“名称”指研究中的关键词“成员代表”为能够体现类别内容的关键词，“代表文献”表示使用该领域内多个热点关键词的文献。每个类别集合中的关键词成员代表反映出该研究区域的聚集点，且代表文献的发表年份都在近 5 年，这表示我国生态环境和产业集聚关系研究是一个新兴且正在蓬勃发展的领域。

表 2-2 关键词聚类分析结果

序号	名　称	成员代表	代表文献
1	产业集聚	区域竞争力、工业生态效率、水环境整治、转移、城市转型升级、绿色发展、生态环境管制	胡求光等（2020）、李成宇等（2018）
2	环境污染	相关多样化、专业化、地区竞争、产业结构优化、集聚外部性、区域环境、城市规模	汪成鹏（2020）、邓玉萍等（2016）
3	高质量发展	产业结构、技术创新、生产性服务业、制造业、区域经济、产业协同集聚、产业链	郭然等（2020）、陆凤芝等（2020）
4	空间杜宾模型	雾霾减排、空间集聚效应、集聚效应、新型工业化、协同减排、空间集聚、经济集聚	王江等（2019）、韩颖等（2019）
5	可持续发展	产业集群、水环境、区域开发、绿色供应链管理、环境规制、外商直接投资、雾霾污染	李二玲等（2019）
6	集聚	创新能力、综合评价、因素、战略性新兴产业、发展路径、创新生态系统、经济增长	石璋铭（2018）

具体而言，该领域的研究内容主要集中在以下几方面：

1）集聚内容不同，聚焦的环境问题不同，两者之间的关系不同。刘乃全等（2016）利用空间杜宾模型分析了产业专业化集聚、多样化集聚对区域的创新效率、规模效率以及纯技术效率的影响。实证结果表明我国区域创新效率存在显著空间差异和空间联动性；专业化集聚显著促进区域创新效率和规模效率，而多样化集聚能显著促进纯技术效率，对区域创新效率的作用不明显；分区域而言，东部、西部地区多样化集聚能有效提高区域创新效率和纯技术效率，而中部地区则表现为专业化集聚促进区域创新效率、规模效率、纯技术效率。梁伟等（2017）将城镇化水平作为门槛变量，借助空间联立方程模型发现工业集聚和雾霾污染呈“倒 U”形关系，当城镇化率大于一定的拐点时，工业集聚和雾霾污染之间呈负相关关系；人口集聚、经济集聚和产业协同集聚与雾霾污染之间呈负相关关系，经济集聚和雾霾污染之间的关系已进入“倒 U”形曲线的下降阶段；人口集聚、工业集聚和经济集聚与邻近地区间存在显著的空间溢出效应，因此该研究提出应推进新型城镇化建设，逐步提高城镇化率，吸引、转移就业人口到绿色产业中就业，进一步推动城市群发展模式，实现雾霾治理和监管的规模经济的建议。毛渊龙和袁祥飞（2020）综合考虑集聚外部性和城市规模的作用，发现同一产业集聚形成的外部性显著改善了二氧化硫、烟粉尘和废水污染，而不同产业集聚形成的外部性则降低了二氧化硫和烟粉尘排放；马歇尔外部性和雅各布斯外部性的减排促进作用也随着城市规模的扩大而提升，城市规模演变会对集聚外部性的环境效应产生一定的调节作用；但随着城市规模的扩大，集聚外部性对不同污染物所产生的抑制作用存在差别。王兆峰和杜瑶瑶（2019）运用超效率 SBM-DEA 模型与 Malmquist 指数对 2010—2016 年湖南省 14 个市（州）碳排放效率进行了测量，并探究了不同因素对碳排放效应的影响作用，发现工业集聚不利于碳排放效率的提升，因此提出要结合现有的政策引导和技术水平发展，充分发挥好各地区经济规模效应，促进生产要素在区域间的快速流动，推动技术进步成为节能减排的主要驱动等建议。王新越等（2020）应用空间计量模型研究了旅游产业专业化和多样化集聚对旅游经济的影响，结果表明我国 31 个省旅游产业专业化集聚程度呈现西高东低的分布特征，多样化集聚程度的分布特征则相反，为东高西低分布；我国旅游产业多样化集聚促进旅游经济增长，专业化集聚抑制旅游经济增长，影响效应具有明显的区域差异：在东部地区，旅游产业多样化集聚促进旅游经济发展，在西部地区旅游产业专业化集聚促进旅游经济发展，中部地区旅游产业多样化集聚的促进效应尚未显现。赵峰等（2020）对产业专业化和多样化聚集水平进行了测算，利用超效率 DEA 模型测量生态效率，并用 Malmquist 指数分析对生态效率进行分解。结果表明，在中部地区制造业专业化集聚和多样化集聚有利于生态效率的提升，而东部和西部地区制造业专业化集聚和多样化集聚不利于生态效率的提升，制造业专业化集聚、多样化集聚与生态效率之间呈非线性关系。

2）集聚类型不同，对应的污染排放行为不同，则两者之间的关系不同。胡安军等（2018）将高技术产业集聚分为多样化集聚与专业化集聚，分析了产业不同集聚模式对绿色创新效率的影响，实证研究发现高技术产业多样化集聚与绿色创新效率呈显著正向关系，而专业化集聚与绿色创新效率呈显著负向关系。寇冬雪（2020）针对产业不同集聚模式对环境污染的影响机理进行了理论分析，在生产函数中引入专业化集聚和多样化集聚进行了测算，研究发现专业化集聚、多样化集聚与环境污染之间存在“U”形曲线特征；资源型城市比非资源型城市的专业化指数高，我国大多数资源型城市产业集聚程度的提高会降低污染排放强度，位于“U”形曲线左侧，少数资源型城市的专业化集聚跨过

“U”形曲线拐点，污染排放强度随产业集聚程度提高而增加；资源型城市由于存在自然禀赋特征会比非资源型城市先跨过“U”形曲线拐点。周国富等（2019）通过将产业集聚分为相关多样化、无关多样化以及专业化三种不同的类型，考虑空间相关性和构建空间面板模型，分析了产业集聚对环境的影响关系，实证分析表明环境污染程度与相关多样化和无关多样化均呈“倒U”形曲线关系，而与专业化呈“U”形曲线关系；研发水平和贸易开放度的提高均能有效改善环境污染问题；但我国的治污投入没有有效抑制环境污染。张素庸等（2019）研究发现，生产性服务业多样化集聚显著促进本地和相邻地区的绿色全要素生产率提升，多样化集聚对本地区绿色全要素生产率的促进作用要高于相邻地区；生产性服务业专业化集聚通过技术溢出效应和规模经济效应显著提升本地区绿色全要素生产率，但对相邻地区绿色全要素生产率有明显的负向空间溢出效应。

3）存在不同的门槛变量来衡量产业集聚和生态环境之间的非线性关系。杨仁发（2015）应用 Hansen 的门槛面板模型，分析了产业集聚与环境污染之间的关系，结果表明产业集聚对环境污染具有显著的单门槛效应，产业集聚水平低于门槛值时，产业集聚将加剧环境污染；产业集聚水平高于门槛值时，产业集聚有利于改善环境污染；外商直接投资在一定程度上有利于促进我国环境污染的改善，“污染天堂假说”在我国并不成立，环境规制与环境污染程度呈显著正向关系。何好俊等（2016）以绿色技术效率为门槛变量，构建动态面板门槛模型分析了制造业集聚对环境治理的影响，结果表明制造业集聚与环境治理之间呈“U”形关系，即制造业集聚水平低于门槛值时，制造业集聚水平与环境治理绩效呈负向关系，此时制造业集聚不利于绿色创新，制造业集聚难以通过提升绿色技术效率来提高环境治理绩效；但制造业集聚水平高于门槛时，制造业集聚水平与环境治理绩效呈正向关系，制造业集聚通过提升绿色技术效率来提高环境污染治理绩效。蔡海亚等（2018）以贸易开放为门槛变量，研究了生产性服务业和制造业协同集聚对雾霾污染的影响，结果表明产业协同集聚可以明显改善雾霾污染，产业协同集聚水平越高的地方，内部知识和技术溢出效应越明显，制造业集聚带动生产性服务业的发展，而生产性服务业集聚又反过来推动制造业的进步，显著提升生产效率和管理水平，降低污染排放量；协同集聚与贸易开放交叉项对雾霾污染存在负向影响，说明贸易开放通过产业协同集聚水平制约了集聚外部性对霾污染的影响；贸易开放与协同集聚在初期对改善雾霾污染作用不显著，随着时间的推移改善作用变得显著，说明存在一个消化吸收的过程；因贸易开放与协同集聚发展的不匹配而对雾霾污染的作用存在门槛效应，协同集聚对地区雾霾污染的影响差异较大。杨嵘等（2018）以产业集聚为门槛变量，研究发现产业集聚对雾霾污染具有显著双重门槛效应，当产业集聚水平分别处于低产业集聚水平和高产业集聚水平时，产业集聚对雾霾污染具有显著正外部性；当产业集聚水平处于中产业集聚水平时，产业集聚对雾霾污染表现为正向影响但并不显著；环境规制与雾霾污染呈显著负向关系。

李小帆等（2019）以城镇化水平为门槛变量，分析了生产性服务业和制造业集聚对碳排放的影响，结果表明随着城镇化水平的提升，制造业与碳排放呈“倒 U”形的非线性关系，生产性服务业对碳排放的关系表现特征为强—弱—强，生产性服务业和制造业集聚都对碳排放存在双重门槛效应；生产性服务业和制造业协同集聚对碳排放存在单门槛效应，随着城镇化水平的提高，二者协同集聚与初期碳排放呈现的正向关系逐渐减弱。

4）产业集聚离不开城镇的发展和支撑，在城镇化进程中，产业集聚和生态环境之间的关系更加复杂多变。黄磊等（2019）研究发现产业集聚、城镇化、技术创新对长江经济带城市工业绿色发展效率的直接推动作用有限，环境规制、城镇化对长江经济带城市工业绿色发展效率存在负向空间溢出效应，提高环境标准导致污染型产业向周边地区转移，粗放城镇化模式加剧城市间生产要素的恶性竞争，因此该研究提出要进一步提升长江经济带城市工业绿色发展效率，加快构建统一的环境预警机制，强化绿色技术创新的支撑作用，推进集约式新型城镇化，绿色承接产业转移的建议。与之相反，王素凤等（2017）则指出城镇化与环境污染呈负相关关系，较高的城镇化水平发挥了更大的污染减排作用；工业集聚与城镇化的良性互动显著降低了环境污染水平，城镇化对工业集聚环境污染效应的门槛位置有重要影响，城镇化水平较高的东部省份门槛值明显低于中部、西部和东北地区。因此该研究提出要加快推进城镇化，再考虑区域城镇化发展规模和速度上的差异，应制订与地区环境承载力相适应的城镇化发展规划，以发挥城镇化对改善环境质量的作用。李小帆等（2018）应用汉森的门槛模型，以城镇化水平为门槛变量研究了产业集聚对碳排放的影响，结果表明生产性服务业和制造业集聚均对碳排放存在双门槛效应；城镇化水平在产业集聚对碳排放的门槛效用中有明显作用；经济发展、城市人口密度和能源强度与碳排放均呈正向关系；不同行业产业集聚对碳排放的门槛效应具有明显的差异性，因此该研究提出要努力推动区域城镇化发展，充分发挥城镇化在产业集聚与碳排放关系中的优化作用，加强产业结构调整，充分利用产业集聚对区域的碳减排效用的建议。况佩杰等（2020）利用升级面板数据研究制造业集聚与城镇化对环境污染的影响，结果表明制造业和城镇化分别可以缓解环境污染，二者的交互效应对环境污染影响较大，东部地区的制造业集聚与城镇化的耦合效应对减少环境污染的影响比中西部地区大，中西部的城镇化可以降低环境污染，而东部的城镇化增加环境污染；同时产业结构的高级化和对外开放程度也可以缓解环境污染。

5）制造业作为经济发展的支柱产业，其在集聚水平变化时对生态环境造成的影响备受关注。王英等（2019）通过建立空间杜宾面板 STIRPAT 模型，从污染排放量和排放强度两个方面分析了产业集聚的环境效应，发现装备制造业集聚程度与污染排放量呈现“U”形关系；周边地区的装备制造业产业集聚能有效减少本地区的污染排放量；产业集聚仅对工业烟尘排放强度具有显著的空间溢出效应，周边地区的产业集聚能有效减小本地区的工业烟尘排放强度，但对工业二氧化硫和工业废水排放强度的作用效果不明显，因此研究建议建立区域协调机制，实现区域间共同发展、共同治理的科学发展模式。吴传清等（2019）通过实证分析制造业集聚与绿色创新效率之间的非线性关系，发现总体而言制造业集聚与绿色创新效率之间关系呈正“N”形特征；分地区而言，东北地区装备制造业集聚与绿色创新效率呈递增的正向非线性关系，中部地区装备制造业集聚与绿色创新效率的关系为先升后降，西部地区装备制造业集聚与绿色创新效率关系呈“倒 N”形；能源消耗、研发投入强度与装备制造业绿色创新效率呈正相关关系，环境规制、城市化水平与装备制造业绿色创新效率呈负相关关系。李稚等（2019）基于生态环境外部性视角，分析了产业集聚对生态环境的关系作用，发现制造业产业集聚对生态环境的正负外部性效应，取决于绿色技术创新与外商直接投资两个中介变量的作用差异，具体而言，绿色技术创新只有在产业集聚水平较高时才能达到技术溢出效应；产业集聚水平较低时，外商投资带来的扩张效应引发了产业集聚初期对生态环境的负外部性，产业集聚的规模效应与技术溢出效应随着产业集聚水平上升而逐渐减弱，直至消失。Li 等（2018）考虑环境规制、政府补贴、市场成熟度等因素，实证比较了高端制造业绿色技术创新与传统技术创新的效率以及我国高端制造业的区域异质性，发现我国高端制造业的绿色技术创新效率水平虽然较低，但高端制造业的绿色发展已经初见成效；传统技术创新效率与绿色技术创新效率虽有较大差距，但两者之间相辅相成、相互促进，绿色技术创新效率与传统技术创新效率均呈现“东高中西低”的格局，因此研究建议通过与国际高端制造业的技术交流与合作，进一步发展颠覆性技术创新，同时在中西部和东北地区实施对口支援。

6）产业集聚和生态环境关系的影响因素众多，运用中介效应模型检验产业集聚通过某个影响因素的作用。Liu 等（2017）基于 Copeland-Taylor 模型，实证分析了产业集聚与工业污染物排放的关系，结果表明产业集聚总体上加剧了工业污染水平，随着我国经济进入新常态阶段，产业集聚对环境的负面影响有所减弱；外商直接投资和环境规制可以通过产业集聚的方式间接减少工业污染物排放，外商直接投资在流入产业集聚程度较高的地区时对环境友好程度较高。卢福财等（2019）基于新经济地理学的角度，分析了环境污染对制造业空间集聚的影响，结果表明固体废弃物污染、废水污染和二氧化硫污染均呈现出地理关联性和空间溢出性；固体废弃物污染与制造业集聚呈显著负向关系，而废水和二氧化硫污染的负作用并不显著；环境污染和制造业集聚之间并非简单的线性关系，二者的作用还受环境规制力度和环境污染总量的影响。邵帅等（2019）以我国城市群崛起和区域协调发展为背景，通过改进传统的产出密度模型等方法，解析了在能源强度的影响下，经济集聚与碳排放强度及人均碳排放之间的作用机制。研究发现经济集聚与碳排放强度及人均碳排放之间呈“倒N”形关系；能源强度与碳排放强度及人均碳排放之间呈“倒 U”形曲线关系；经济集聚通过能源强度对碳排放产生间接影响；经济集聚对碳排放强度、人均碳排放、能源强度产生作用的临界值均存在差异。季书涵等（2019）研究发现将污染排放作为中介变量，产业集聚显著改善资源错配效果。在不同资源错配情况下，环境污染会削弱产业集聚对资源错配的改善效果，且产业集聚不利于资源错配时，环境污染更会加剧资源错配。污染排放作为中介变量能够在产业集聚影响资源错配的过程中形成三个门槛点，将不同行业划分为轻度、中度和重度污染，产业集聚在控制污染排放不超过临界值的情况下，才能得到高效健康的持续发展，发挥产业集聚的资源配置效应。

7）工业集聚一直都被认为是有效提高发展水平的经济活动，但随之而来的人口集聚陡然增加了生产污染和生活污染，会对环境承载力发出挑战。Wang 等（2017）以城市面板数据为研究对象，运用 IPAT 模型探究了人类影响、人口、富裕和技术等因素对环境退化的影响。结果表明，人口集聚对环境恶化的影响较小或很小，而人口规模对环境污染有正向影响，但只有特大城市和大城市对环境污染有显著影响；环境库兹涅茨曲线（EKC）假说在本研究中得到验证，经济增长与环境污染呈“倒 U”形关系；不同类型城市的经济增长与环境退化之间的关系具有差异性。Fan 等（2019）以 342 个地级市数据为研究对象，采用探索性空间数据和空间计量模型分析了人口规模和经济集聚对雾霾污染的空间溢出效应。结果表明我国城市规模、城市群和雾霾污染的分布呈现复杂的不对称特征，在城市人口规模和经济集聚的影响下，我国城市雾霾污染表现出显著的空间自相关，集聚度在研究期间呈现波动上升趋势；城市经济发展水平对雾霾污染有正向影响，而高水平的产业结构和技术水平的提高可以有效降低雾霾污染；雾霾与城市规模和城市群的空间关系呈现脱钩趋势。何雄浪（2019）以省级面板数据为研究对象，分析了人口集聚、工业集聚与生产、生活污染的关系，结果表明，环境污染具有显著的空间溢出效应，环境污染在地区间存在“高高”“低低”聚集的现象；工业污染与经济发展水平呈现出明显的“U”形曲线关系；人口集聚对工业污染与生活污染的影响存在分异的现象，人口集聚主要导致生活污染；人均受教育程度的提高显著改善生活污染。

8）环境规制的提高会促使产业集聚区内污染排放不达标的企业转移到环境规制相对较低的区域，导致其他地区的生态也被破坏。Yang 等（2018）探究了江苏省的新型制造企业在环境规制下的区位选择，利用三种具有代表性的环境法规措施来检验“污染天堂假说”的一致性，结果表明，不同的环境管理措施会导致“污染天堂假说”的不同结论；但企业的迁移模式是普遍一致的，地方政府可以利用环境法规来实现经济目标。Wang 等（2018）利用修正最小二乘函数，研究了我国制造业集聚和环境规制对工业二氧化碳排放的作用，结果表明环境规制强度越高，制造业各子行业的集聚性越强，二氧化碳排放越少；环境规制强度较高及居中的制造业细分行业集聚与二氧化碳排放呈“倒 U”形关系；环境规制强度较低的制造业细分行业集聚与碳排放的关系呈现

"U"形变化趋势。Zhang 等（2019）采用贝叶斯后验概率的最优模型结构选择方法，基于协同效应的产业集聚机制，研究了环境规制对环境污染的影响。结果表明，国家层面及东部、中部和东北地区的环境规制可以显著抑制环境污染，但西部地区的环境污染表现出显著的增强趋势；我国各地产业集聚程度的提高显著加剧了环境污染；环境规制与产业集聚形成显著的协同效应，对东北以外地区环境污染产生显著的正向影响，对东北地区环境污染强度产生显著的负向影响。Wang 等（2019）利用地级市面板数据和社会媒体数据，将社会经济网络整合到空间杜宾模型中，研究了产业集聚、环境规制和技术对污染物排放强度和溢出效应的影响。结果表明产业集聚、环境规制和技术投入可以降低排放强度；产业集聚通过社会网络和空间网络降低周边城市的污染物排放强度，环境规制通过社会网络影响相关城市污染物排放强度，技术可以通过经济网络有效地降低污染物排放。

我们进一步用 CiteSpace 对 WOS 数据库收录的相关文献进行关键词共现分析，结果如图 2-3 所示，文献关键词也主要集中在集聚、排放、影响、污染、二氧化碳排放、能源效率等词语。

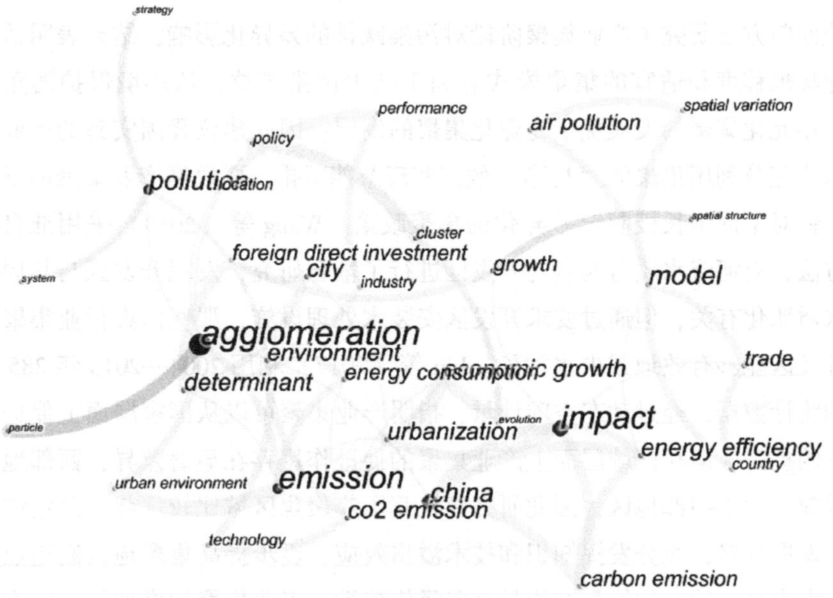

图 2-3　国外文献关键词聚类分析

2. 主流观点

目前学者们就产业集聚对生态环境的影响尚未达成一致共识，主要存在三种观点：

1）产业集聚的正外部性有利于环境保护。Karkalakos（2010）、Dong 等（2012）指出，产业集聚区技术进步的潜力、经济增长的积累及环保意识的增强将有可能减缓区域内环境污染。刘习平和宋德勇（2013）研究发现城市产业集聚对城市环境产生正向影响，产业集聚能有效地改善城市环境状况，是因为产业集聚所带来的外部溢出效应以及共生性使得资源、能源的利用效率提高，从而减少了污染排放物；对于我国除特大型城市外的大城市、中等城市和小城市而言，城市规模越大，产业集聚所带来的环境改善效应就越大，因此该研究认为针对大、中、小城市，应进一步完善城市功能，促进技术和人才的集中，提升产业集聚水平。李顺毅和王双进（2014）利用 2001—2007 年我国相关工业行业的面板数据，研究用区位基尼系数和产业方差系数度量的产业集聚程度对工业废水、二氧化硫、工业粉尘排放量的影响，发现产业集聚程度的提高对于这三类工业污染排放具有一定的缓解作用，有助于缓解工业发展与生态环境之间的矛盾。Shen 等（2018）在区分专业化集聚和多元化集聚的基础上，采用阈值回归方法研究了产业集聚阶段对污染减排的差异化影响，结果表明适度的产业集聚程度和适宜的集聚模式有利于减少污染排放，从环境保护的角度来看，多元化集聚的发展优于专业化集聚的发展；因此建议我国实施的产业增长战略应充分利用集聚的“自净”效应实现节能减排，要根据产业集聚的不同阶段，针对不同增长极制定差异化的集聚政策。Wang 等（2019）采用准自然实验方法，对河流水质监测点与开发区进行了耦合研究，发现开发区与其周边地区水质恶化有关，但通过要求开发区安装水处理设施，那些污染行业集聚较多的开发区能够有效地减少水污染。Liu 等（2017）利用 2004—2013 年 285 个城市的统计数据，经过动态空间计量，指明产业集聚可以从国家层面上促进能源效率的提高，但在区域层面上产业集聚的促进作用存在显著差异，西部地区的促进效应大于中部地区，因此研究建议我国应聚焦区域比较优势，制定制造业错位发展战略；充分发挥知识和技术溢出效应，逐步提高集聚地区制造业企业的技术水平。碳链的能量结构具有路径依赖性，工业集聚的增加具有巨大的空间溢出能力，在一定程度上打破了煤炭的高碳锁定，降低二氧化碳排放强度

（Zhang 等，2018；Chen 等，2018）。Chen 等（2019）采用超效率 SBM-DEA 模型和系统广义矩估计法（SGMM）研究了高新技术产业集聚对绿色经济效率的影响，结果表明高新技术产业集聚的滞后效应能够促进绿色经济效率的提高，建议大力发展高新技术产业，提高集聚区创新能力，兼顾经济发展质量，倡导绿色发展理念。Wang 等（2020）基于新经济地理学、集聚经济学和网络效应的假设，通过修正柯布道格拉斯成本函数，阐述了工业单位能耗产值取决于全要素生产率、工业集聚、交通基础设施和能源相对价格，交通基础设施可以促进产业集聚，而产业集聚通过技术进步、规模经济和竞争来提高能源效率，政府应加强省际交通网络建设，降低运输成本，改善区域间的联系，优化资源配置，形成集聚区，从而增强工业集聚的规模和节能效应。Effiong（2018）也得出了相同的结论，集聚带来的共享、匹配和学习机制可以提高生产率，从而提高能源利用，当足够多的公司聚集在一起时，它们可以共享一套污染控制设备，从而降低不希望的产出数量，提高能源效率。

2）产业集聚的负外部性加剧污染排放。Verhoef 和 Nijkamp（2002）认为产业集聚促进了经济的发展，但也加剧了资源和能源的消耗，导致环境污染问题日益严峻。Martin 和 Hans（2011）、王怀成等（2014）从化学元素浓度、投入产出效率、空间关联性等不同的角度验证了 Verhoef 和 Nijkamp 等的观点。王兵和聂欣（2016）的研究表明短期内产业集聚将成为环境治理的“阻力”，产业集聚发展所伴随的环境污染现象，更多表现为污染在空间上的“集中排放”；而治污的规模效应、生产资料的循环利用、先进排污技术的溢出等产业集聚的环境治理优势，短期内并未充分发挥作用；因此针对目前已经存在的产业集聚环境污染现象，该研究认为政府应该加快污水处理等基础设施的投入，加强质量整治，淘汰落后产能和化解过剩产能。Liu 等（2017）基于 Copeland-Taylor 模型进行了研究，结果表明，我国进入经济新常态阶段后，随着结构调整和新阶段开始以来对环境污染认识的提高，由于知识溢出效应和污染减轻的规模效应，产业集聚的环境负效应有所减弱，但总体上产业集聚仍加剧了工业污染水平，工业集聚程度越高的地区环境污染越严重；因此，该研究主张应进一步降低产业集聚区污染减排的边际成本，并实施严格的环境保护法律法规，确保相关企业减少污染物排放。Schio 等（2019）提出了一种新的方法来调查可达性和空气污染的地理情况，并以布鲁塞尔首都地区为例进行了测试，分析整个城市最理想和最不理想社区的分布情况，发现正的社会生态外部性和负的社会生态外部性是同一集聚硬币的两面，可达性与空气污染之间存在很强的正相关关系。Liu 等（2018）采用动态空间面板模型，以城市的面板数据为样本，研究发现当经济发展水平、人口、技术水平、产业结构、交通、外商直接投资、绿化水平稳定时，制造业集聚显著加剧了雾霾污染；制造业集聚对区域间雾霾污染的影响存在区域差异，西部地区制造业集聚对雾霾污染的影响最大，中部地区次之，东部地区最小；因此该研究提出充分发挥制造业集聚的技术和知识溢出效应，科学合理引导制造业集聚，加快集聚地区制造业转型升级的建议。产业集聚导致人口集聚，人们的通勤时间降低，因此较高的人口密度会使城市对环境更友好；但增加人口密度的政策会影响价格、工资和地租，这反过来又会刺激企业和家庭改变居住地，这重塑了城市系统，可能会产生更高水平的污染（Gaigné 等，2012）。

3）产业集聚的正负外部性和生态环境具有综合复杂效应。Henderson（2003）研究发现产业集聚与环境污染呈非线性关系，集聚存在最佳规模，超过这一规模就会加剧污染，反之则改善。纪玉俊和邵泓增（2018）利用全国 281 个地级市的面板数据分析了产业集聚对环境污染的影响，通过构建产业集聚水平的平方项和立方项的面板回归模型，发现产业集聚处于较低水平时，往往会加剧环境污染，随着某一地区产业集聚水平的不断提高，产业规模不断扩大，该地区的规模经济效应或集聚效应不断显现出来，会改善环境状况，因此产业集聚与环境污染之间呈现"N"形关系，但随着产业集聚水平的进一步提高，应该警惕集聚效应递减的趋势。刘小铁（2017）利用我国制造业分行业 1999—2012 年的面板数据，研究发现制造业集聚的不同阶段对环境污染的影响不同，目前我国环境污染指标（工业的排放量）与制造业聚集水平的关系处于"N"形曲线的两个转折点之间；技术进步产生技术溢出效应不断缓解环境污染；当产业集聚达到一定程度时即形成产业集群，因此该研究建议延伸产业链条，构建产业集群，对环境保护和治理具有较显著的促进作用。唐晓华和陈阳（2017）利用 SBM 超效率模型和空间自相关方法，研究了制造业集聚水平对绿色全要素生产率的影响，结果表明制造业产业集聚水平与绿色全要素生产率之间呈现"先扬后抑"的非线性作用关系。卢燕群和袁鹏（2017）采用 VRS-DEA 模型测算了 2005—2014 年间我国 30 个省份的工业生态效率，并用空间计量模型实证检验了其影响因素，发现产业集聚与工业生态效率呈现“倒 U”形关系，且产业集聚的空间滞后项与工业生态效率呈现“ U”形关系，因此对相邻地区工业生态效率的影响呈现“先抑后扬”的关系，研究建议充分发掘科技创新改善工业生态效率的潜力，转换环境污染的治理路径，强化政府环境监督管理制度，切实提升工业污染治理效率。曹杰和林云（2016）的研究结果表明在控制了产业规模、外商直接投资、能源消耗、科技投入、环境规制等条件下，制造业集聚与环境污染之间呈“倒 N”形关系，并且目前我国制造业集聚水平以中低集聚度为主，我国大部分制造业正处于集聚的环境负外部性阶段，处于“倒 N”形曲线的两个转折点之间，因此要坚持制造业集群发展战略，不断提升制造业集聚水平，合理利用外资，培育特色制造业集群。Wang 等（2018）基于环境强度动态综合测度（DCM）的面板协整主函数和全修正最小二乘（FMOLS）函数，分析了在不同的环境规制强度下，主要制造业子行业的产业集聚与其碳排放之间的异质性关系，结果表明高度和中度的环境规制下制造业集聚与二氧化碳排放关系呈“倒 U”形变化趋势，环境规制强度低的集聚型制造业分行业与二氧化碳排放之间的关系更可能呈现“U”形变化趋势，高污染制造业分行业的高强度环境规制可以使其在高规模工业集聚下达到二氧化碳排放的拐点；根据此结果，研究认为政府应采取普遍加大环境规制强度的政策，并针对不同制造业分行业使用异质规制工具，以提高制造业集聚的减排效果。Wang 等（2019）以我国地级市为研究样本，分析了产业集聚与环境效率之间的关系，结果表明产业集聚与二氧化硫的排放强度之间存在非线性关系，而此非线性关系并不适用于产业集聚与烟尘的排放强度；产业集聚与环境效率之间呈“U”形关系，具体来说，产业集聚早期阶段环境效率下降，然后随着地方产业集聚的发展环境效率提高。Shen 等（2019）基于一种不可分离的混合 DEA 模型，利用动态空间面板模型研究了不同产业集聚类型和集聚模式对能源效率的影响，发现我国的污染物能源效率总体上处于较低水平，并呈现出“U”形的先下降后上升的趋势，我国能源效率分布呈现出“东高西低”的趋势；在国家层面，制造业部门的聚集大大抑制了能源效率的提高，但生产性服务业的集聚以及制造业和生产性服务业的共同集聚都有助于提高能源效率，且不同城市规模的产业集聚对能源效率的影响不同。自然灾害为新开发区接管旧工业集群提供了市场机会，产业由旧工业区转移到新兴工业区，并在地理空间中集聚。根据不同地区的资源错配情况和企业集聚地理分布，基于门槛模型，以资源错配或集聚度作为门槛变量，研究发现生产性服务业与制造业的协同集聚对碳强度的影响及集聚度对动态能效的影响主要为：在资源配置合理的地区，产业协同集聚可以通过正外部效应促进碳强度降低，一旦资源错配程度超过门槛值，集聚的负外部性拥挤效应就会导致碳强度无法降低，而只有当区位熵达到门槛值时，产业集聚才会对产业能效提升产生积极影响（Li 等，2019；Zheng 等，2018）。

国内外学者比较系统地研究了生态环境与产业集聚的关系，为生态环境与产业集聚协调发展理论体系的构建做出了贡献。但目前绝大多数研究都是采用由果及因的思路对二者的关系进行探究，而对二者之间的内生关系与耦合关系研究极少。随着生态环境与产业集聚不断地呈现出内生性、互动性、动态性和整体性的发展趋势，二者之间的作用关系也变得更加复杂和多元。研究内生性与耦合关联机制是明晰生态环境与产业集聚的关系、探索生态环境与产业集聚协调发展的新途径。

2.2 产业集聚系统的演化

针对产业集聚系统的演化，学者们的研究内容与观点主要集中在以下三方面：

1）产业集聚水平变化的测算方法。学者们通过空间基尼指数、区位熵、洛伦兹曲线等不同方法从集聚水平的角度对产业集聚区演化状态进行了研究。张贺（2017）采用 1995—2014 年的面板数据，运用区位熵计算了东北三省服务业集聚程度，判断要素在地区内的空间分布情况，发现东北三省自然资源优势突出，地区规模、产业融合度对提升服务业资源集聚度发挥着显著的促进作用，因此东北三省可以利用自然资源禀赋优势，扩大地区规模、提升地区等级，加强信息技术融合，缩短地理距离，充分发挥各类资源的集聚能力，实现服务业地区协同发展。袁华锡等（2019）通过区位熵模型衡量金融集聚程度，有效避免了地区规模差异导致的内生性问题，发现在金融集聚、城市规模与对外开放水平三种机制调节下，金融集聚对绿色发展效率的影响呈现“梯度式”增强的特征，而在经济发展水平机制的介入过程中，金融集聚对绿色发展效率的促进作用却是一个“先减后增”的过程。张锋（2018）聚焦不同地区之间的健康医疗信息产业集聚程度，利用空间基尼系数测算了全国各省产业集聚水平，发现东、中、西部地区产业的空间集聚发展态势有所差异：东部地区的空间基尼系数总体上呈现出“先减小，后平稳增长，而后快速增长”的发展态势；中部地区和西南地区的空间基尼系数相对高于东北地区和西北地区，且中部地区和西南地区的空间基尼系数呈现“交替增长与减小、交替领先与落后”的趋势；而对于东北地区和西北地区而言，虽然考察期内其健康医疗信息产业的空间集聚程度有小幅的变动，但整体上趋于平稳且空间集聚程度较低。陈圻等（2015）通过绘制洛伦兹曲线并测算基尼系数，分析了广义设计和工业设计专利集聚度的变化趋势，以判断相应设计业务在空间的集中程度，研究发现两种设计业务在各地区的集聚度都较高，且有数值不断上升的趋势；工业设计业务从一开始就呈现较传统设计业务高得多的集聚度，且集聚度随时间进一步提高，由此建议设计园区规划应遵循设计产业集聚的客观规律，应刹住设计园区泛滥之风。韩清等（2020）基于 DO 指数的思想对行业协同水平的动态演变情况进行了分析，评估了自然禀赋和马歇尔外部性三因素对行业协同集聚的影响，发现这些因素对不同行业的作用具有异质性，我国最重要的行业协同集聚影响因素是自然禀赋，其系数略大于马歇尔外部性三种因素的系数之和，马歇尔外部性对行业协同集聚具有显著拉动作用，其中劳动力蓄水池效应最重要，其作用范围也最广。

2）产业属性的不同导致产业集聚具有不同的演化特征和趋势。李燕和贺灿飞（2013）通过对珠三角制造业 1998—2009 年的集聚水平进行研究，发现该区域的制造业演化水平呈现先分散后集聚的“U”形发展趋势，但集聚水平普遍偏低，且不同类型的产业集聚特征差异显著；珠三角制造业地区专业化与产业集聚的变化趋势十分吻合，地区间结构差异缓慢提升，表明地区制造业同构推动珠三角制造业空间转移，珠三角制造业呈现出显著的集聚规模经济。于斌斌等（2013）以绍兴县纺织产业集群与柯桥新城的互动为例，探讨了产业集群与城市化共同演化的机制、过程与阶段，认为产业化与城市化之间的互动是多层级、多阶段相互影响的动态演化过程，二者的互动受到创新机制、扩散机制及选择机制的共同作用，从而实现萌芽起步阶段、耦合发展阶段及创新整合阶段的转换和跃迁；在不同的互动阶段，占主导的互动层级能否完成阶段性的融合和跃迁，决定了产业集群与城市化多层级的互动过程和结果。罗胤晨和谷人旭（2014）利用1980—2011年的《中国工业经济统计年鉴》数据，对我国制造业的演化规律进行了研究，发现制造业集聚区整体上呈现先集聚后扩散的趋势，不同类型产业的空间集聚趋势也存在显著差异：依赖特定自然资源投入的资源依赖型产业，空间集聚程度相对较低，其集聚程度随时间的变化大多呈波动状态；而依赖大量中间投入品的资本和技术密集型产业，其空间集聚程度较高。刘晓伟（2019）以我国233个城市的服务业及其细分行业为研究对象，利用区位熵测算了集聚水平变化趋势，结果发现总体服务业呈现持续聚集的发展态势，但其细分行业集聚度演变特征有所不同；分区域的测算结果表明，西部地区公共性服务集聚度最高，中部地区消费性服务业集聚最高，东部地区生产性服务业集聚度最高。宋帅邦（2019）借鉴数学中的偏离系数方法构建B系数，动态考察了产业集聚的程度，发现我国制造业集聚发展具有“N”形变化趋势和梯度差异，劳动密集型产业出现由东部转向西南形成新的集聚区的趋势，资源型产业在西南地区的集聚程度高于东部沿海地区，资本密集型产业和技术密集型制造业则集聚在东部地区。Yang等（2017）基于多时相Landsat TM/ETM+影像和地理信息对工业园区的区位演化特征进行了研究，发现工业用地的扩张经历了从单峰型到多峰型的过渡过程，主波峰和生长区位置不断向外推；工业区域产业聚集由中心向外逐步展开，演化过程呈现一种“集中、分散、再集中”的集聚态势，工业用地集中在离市中心较远的地方；工业用地规模呈现出“快速增长、稳定增长、快速扩张”三个阶段的格局。Hu等（2019）研究发现与生产直接相关的产业比为生产服务的产业在地理空间中更倾向集聚，批发零售产业在空间上更加分散，信息产业、租赁服务业、科研服务业和金融产业集聚程度持续上升，而建筑业和制造业则表现出由集聚向分散转变的态势。

3）产业集聚系统的演化发展受到不同因素的影响。Mcdonald等（2006）以欧洲产业集群地为研究案例分析了公共政策与产业集聚的共同演化关系，研究表明政府政策与产业集聚的协同演化有利于产业集聚区的正向发展。Lee（2007）以台湾IT产业为例分析了组织、地域、技术三者共同演化与适应性对产业形成的影响，明确指出产业集聚形成的过程实质上是技术、组织与地域之间在微观与宏观层面战略性集体协调行动的结果。韩玉刚和焦华富（2011）选取宁国市为案例地，研究了省级边缘区制造业集聚演化的过程与动因，发现文化因素、种子企业、主体行为等因素影响了省际边缘区传统制造业集聚的萌芽、成长和扩张；省际边缘区传统制造业集聚的动因，是边界效应由屏蔽效应向中介效应转化条件下，多要素时空耦合和系统耦合共同作用的结果。Wang（2012）将产业集聚看成一种多智能体相互作用的复杂现象，通过对集聚区演化过程的模拟发现，其运动与演化的动力来自集聚区内各智能主体的自适应互动行为；结果表明地理邻近性是产业集群演化的前提条件，同时社会联系、政府干预等协调机制在某些情况下是产业集群成功演化的不可或缺的内在关键因素。Aghion 等（2012）在其构建的分析模型中加入环境变量和资源变量这两个新的变量，进一步研究了经济发展和生态环境间的可持续、协调发展问题。Haakonson（2013）基于共同演化理论研究了印度跨国制药企业随着制度和产业的改变，企业内部环境与外部环境对研发区位选择的影响。刘立佳（2019）认为农业产业由初级阶段上升至中高级阶段过程中，外部因素中的生产组织方式、学习效应和信息分享环境会逐渐取代资源禀赋因素的决定性地位，外部效应和产业集聚之间的累积循环作用机制推动产业集聚不断演化发展。路娟和张勇（2018）分析了长江经济带城市化与生态环境的耦合关系，对其近十年城市化与生态环境的耦合度、协调度及其空间分布状况、空间集聚特征、时空演化规律进行了实证研究，研究表明：耦合协调度、经济要素条件、生态要素条件是城市化与生态环境耦合发展的主要动力因素。陈柯等（2020）对我国制造业产业集聚发展过程中的影响因素进行了实证分析指出，知识溢出效应、出口需求拉动和规模经济对于制造业集聚水平存在显著正向影响，出口需求和规模经济是长期以来促进我国制造业集聚发展的主要因素；国有资本及开发区目标行业设置因素对制造业企业的均衡分散配置总体上有促进作用。

由于产业集聚是一个动态演变的过程，生态环境与产业集聚的耦合作用机制也应该是非线性、多层级、多阶段且相互影响的，传统实证方法通过简单线性模型构建生态环境与产业集聚的耦合关系并不准确和全面，因此有必要对生态环境与产业集聚系统耦合的动态演化过程进行分析。

2.3　产业集聚和生态环境耦合关系与耦合效应评价

耦合效应是指通过两个系统之间物质、信息、能量的相互转换、相互制约而发挥各自作用，形成相互促进、相互协调、相互依赖的一种动态关联效应。目前关于生态环境和区域经济协调发展关系的研究，主要是运用定性和定量方法，结合耦合理论，从环境承载力着手进行实证分析和评价。

1）生态环境与产业集聚耦合关系在不同地域呈现出不同特征。谷国峰和王雪辉（2018）通过分析经济发展与生态环境两个系统，建立东北地区经济环境耦合指标体系，运用灰色关联度模型构造耦合度模型并分析影响因素，对比东北地区耦合度及耦合类型空间变化与时序分析，揭示了耦合关系的时空演变规律。Shi 等（2020）运用地理和时间加权回归的方法研究发现，17 个热带、亚热带地区经济发展与生态环境具有明显的时空异质性和趋同互动关系，经济发展与生态环境的负面互动效应主要集中在发达地区，而正面互动效应主要集中在发展地区；且经济发展与生态环境处于中间耦合协调阶段，相对较多的区域属于经济滞后型，主要集中在中部及西南地区，生态滞后类型则主要集中在东部发达地区。王婷等（2020）采用耦合协调模型和空间自相关方法探究了高技术产业集聚和生态环境之间耦合协调程度及其时空演化特征，研究发现耦合协调度总体稳步提升，但存在区域差异，其中东部地区增幅最小，西部地区增幅最大，并且耦合协调度相似地区在空间上趋于集中分布，热点地区从沿海向内陆迁移。王婷等（2019）用 DPSIR 模型和系统动力学方法，在界定耦合内涵的基础上针对我国西南地区建立了产业工业化与生态化耦合的系统动力学模型，通过对三种耦合发展路径进行情景预测与对比分析，研究发现不同的发展路径下，产业工业化与生态化耦合发展的结果存在较大的差异，考虑到资源存量的不可逆性与西部地区产业的生态依赖性，提出从优化布局、建立门槛等方面提高环境承载力和资源储备的政策建议。王海天、王婷等（2020）借助系统动力学的因果关系图梳理了我国白酒产业集聚与生态环境系统的内在关系，利用系统广义矩估计的计量方法进行分析，探究了白酒产业集聚与生态效率之间的动态关系，研究发现二者在时序上总体呈波动上升态势，各地区集聚水平和生态效率水平不高且存在空间异质性，白酒产业集聚有益于提高对资源的利用率和对生态的保护力度。

2）生态环境与产业集聚耦合协调度的评价指标及评价方法。李朝洪和赵晓红（2018）分析了黑龙江省国有林区生态建设和经济发展的协调程度，构建了生态与经济协调发展评价指标体系，通过建立灰色动态评价模型分析了生态子系统与经济子系统的自我发展能力和相互影响程度。Wang 等（2018）通过研究环境质量、生态质量与社会经济的关系，建立了三维评价模型，以此评价区域生态环境对社会经济发展的承载能力，三维模型有效地反映了区域生态环境的实际情况，为其他区域承载力评价提供了途径。周成等（2016）以长江经济带城市为研究对象，在构建“区域经济-生态环境-旅游产业”三者评价体系的基础上，采用加权 TOPSIS 法对区域内三大系统的综合发展水平进行了评价，基于耦合协调模型对其耦合协调度进行了分析，并通过灰色模型预测了耦合协调关系的变化态势。Cu 等（2019）将系统论和复杂性科学相结合，构建了“城市化-资源-环境”复合系统，认为可持续的城镇化需要城镇化、资源与环境的协调发展，三个子系统通过复杂的行为关联形成一个统一的系统，提高城市化效率、资源利用效率、城市化进程和环境质量是促进可持续发展的有效途径。王莎等（2019）以京津冀区域 13 个城市为研究对象，构建了产业结构与生态环境的耦合系统综合评价指标体系，结合 CRIT-IC 赋权法和耦合协调度模型分析了近几年该区域各市产业结构与生态环境的耦合协调度变化及其时空演变特征。李强（2017）分析了长江经济带 108 个城市 2003—2014 年数据，分别测算了长江经济带城市产业升级、生态环境优化、产业升级与生态环境优化耦合协调度指数，在此基础上，采用系统广义矩估计方法实证研究了产业升级与生态环境优化耦合度的影响因素。廖斌、王婷等（2020）针对我国西南地区独特的生态使命，从目标、功能、边界三系统要素对生态保护和精准扶贫的耦合机制进行了探讨，运用基于云模型的耦合协调评价方法，有效解决了由于信息不确定性造成耦合系统协调水平评价困难的问题，研究发现两个系统之间发生了复杂的耦合演化作用，并在整体上呈现正向良性演化的趋势。

区域生态环境变化是多种因素综合作用的结果，不同区域中影响环境变化的主要因素存在差异，不同地区所排放的环境污染物类型和总量也存在差异，因此在评估生态环境与产业集聚的耦合效应时，要考虑区域差异和产业结构差异而导致的耦合效应差异。同时，由于各地区空间的异质性、生态系统的复杂性以及各产业集聚区演化的动态性，在生态环境与产业集聚系统的耦合效应评价问题上，还应考虑耦合效应的差异性、多目标性、动态性。

2.4 文献评述

1. 现有研究成果

学术界对生态环境和产业集聚关系的研究兴趣浓郁，并取得了较多颇具价值的研究结果。

1）针对产业集聚与生态环境的关系，大多数文献从产业集聚对生态环境产生的外部性出发，从不同视角对不同类型的产业展开研究，现有文献讨论的聚焦点有所区别，针对不同类型的产业，采用的指标和方法不同，多数利用我国省份或地级市的相关数据或系统动力学模型，实证分析生态环境和产业集聚之间的复杂性关系。

2）针对产业集聚系统的演化，学者们主要使用空间基尼指数、区位熵、洛伦兹曲线等不同的方法研究产业集聚区演化状态；通过分析不同产业的属性探究其产业集聚系统演化特征和集聚趋势的异同，得到不同的研究结果；利用相关地区数据，实证分析公共政策、知识溢出效应、出口需求拉动和规模经济等因素对产业集聚系统的演化发展的影响。

3）针对生态环境与产业集聚耦合关系及耦合效应评价，现有研究主要聚焦于运用定性和定量方法构造耦合度模型探究生态环境与产业集聚之间的耦合协调程度及其时空演化特征，发现生态环境与产业集聚耦合关系在不同地域呈现出的不同特征；以省份或地级市的相关数据为研究对象，构建生态环境与产业集聚耦合协调度的评价指标及方法，有效解决了耦合系统协调水平评价困难的问题。

2. 尚存不足

但目前有关产业集聚与生态环境耦合发展的研究尚存在以下不足：

1）产业发展与环境污染问题的研究视角和研究方法亟待突破。以往的研究多从经济学和管理学的视角出发，采用定性方法研究产业发展战略，并提出对策建议。然而，由于缺乏数据和科学的研究技术支撑，导致研究结果缺乏客观性和普适性。因此，在进一步的产业优化研究中，应适当融入系统科学和最优化理论的研究范式和定量分析研究方法，同时兼顾理论的普适性与客观性。

2）基于动态发展视角对产业集聚与生态环境耦合关系的非线性及耦合内

生机制研究较少。在生态环境与产业集聚的耦合关系及耦合机理研究方面，现有的研究成果多数将产业集聚看成生态环境的影响因素，多以计量模型为载体，运用回归分析对其单向因果关系进行讨论。然而，产业集聚和生态环境之间不仅仅是单向影响的关系。也有学者将集聚和生态环境看作一个开放的系统，但根据系统论进一步发现，生态环境和产业集聚是两个复杂的巨系统，两者之间并非单纯的单向影响，而是处于互相影响的动态模式中。因此，在后续研究中应将生态环境和产业集聚拆分成两个单独的系统，进一步梳理复合系统内部各要素的影响关系，在动态模型中探寻两者的互动关系，同时关注各子系统内部的变化情况。现有研究更多关注的是产业集聚和生态环境关系的作用方向，对于区域间的学习和带动影响考虑不足。

3）以生态环境系统中的子系统为中介，优化生态环境和产业集聚之间耦合效应的研究方法尚不完善。在讨论分析生态环境系统与产业集聚系统的耦合协同关系时，由于两个系统都是复杂的整体，直接讨论二者的关联性十分困难且容易出现变量的遗漏。从复杂的生态系统中找到一个与产业集聚互动最频繁的生态引力系统，作为耦合效应研究的中介系统，通过研究其与产业集聚的耦合系统演化趋势及耦合效应，将是一个新的研究视角，但目前相关研究尚未见报道。特别是在可持续发展战略和新一轮西部大开发政策双重导向下，以西南地区为对象来研究生态环境与产业集聚耦合发展的研究成果尚未见到。

4）对产业集聚与生态环境耦合效应评估的动态性和多目标性考虑不足。目前在对生态环境与产业集聚的耦合效应进行评价时，主要考虑既定时间内的环境承载力、系统稳定性、耦合协调度等单一目标。然而，生态环境与产业集聚耦合系统的耦合效应还应有其社会效益目标。产业集聚区生态引力的差异性会导致耦合系统演化特征、演化趋势出现差异，目前在对耦合效应评价过程中考虑产业集聚系统的演化特征和演化趋势，并将耦合效应分解为耦合协调度和系统可持续发展能力两个方面进行研究的文献还不多见。

5）对自然资本、产业集聚和污染排放形成的闭合循环链关注较少。随着生态经济学的演化发展，自然资源内生为经济增长要素，产业集聚在推动产业优化升级的同时，需要关注自然资本的投入消耗与污染排放之间的转换。已有研究多关注产业集聚的水平测算、影响因素、经济效应、产业技术等问题，尚未有研究考虑到产业的自然资本投入与污染排放之间的转换问题。在自然资源资本化和全国推进可持续发展战略的双重背景下，产业的可持续发展亟须我们重新审视产业集聚与生态环境二者之间的长期均衡关系。

因此，在对我国西南地区的产业集聚和生态环境耦合系统进行构建和评价时，后续研究需要考虑产业集聚与生态环境之间的互动关系，从静态和动态两方面对产业集聚和生态环境两者内在耦合机理进行梳理，明确产业集聚与生态环境耦合关系及互动机制，归纳两者耦合演化的特征及趋势，通过多目标动态评价方法对比不同演化路径的耦合效应；同时，从自然资源资本化的角度出发，进一步探索产业集聚和生态环境之间的动态耦合关系，进而探索出适合西南地区生态环境与特色产业集聚协调可持续发展的新路径，这是促进西南地区生态环境与特色产业集聚耦合协调发展的关键。

第3章 产业集聚和生态环境的现状及特征

3.1 产业集聚现状及特征分析

区位熵能够有效反映区域内产业的专业化集聚程度，因此，我们用区位熵来测算产业集聚水平，其计算公式为

$$\mathrm{LQ}_t = \frac{r_t/\mathrm{gdp}_t}{R_t/\mathrm{GDP}_t} \tag{3-1}$$

式中，LQ_t 表示省份区位熵；t 表示年份；r_t 表示省份工业增加值；R_t 表示全国工业增加值；gdp_t 表示省份的国内生产总值；GDP_t 表示全国生产总值。

3.1.1 贵州省产业集聚水平变化趋势

我们利用区位熵计算 2003—2018 年产业集聚水平，得到结果如图 3-1 所示。2003—2008 年间，贵州省产业集聚水平从 0.74 上升至 0.90，与全国总体水平存在一定差距，但高于西部地区平均值；2009—2011 年间，贵州省产业集聚水平波动下降，区位熵低于全国总体及西部地区平均值；随后，贵州省产业集聚水平持续增长，于 2014 年再度超越西部地区平均水平，并于 2018 年实现区位熵数值超过 1 的突破，与全国总体水平和西部地区平均值基本持平，此时贵州省产业集聚已经具备区位优势。整体而言，2003—2018 年间，贵州省产业集聚水平在 0.7~1.2 区间内波动变化，集聚度得到了大幅度提升。近年来，贵

州省产业在地理空间中不断集聚，基本形成了小河－孟关产业生态工业园区、茅台镇白酒产业集聚区、贵阳国家高新技术产业开发区、湄潭茶产业基地、安顺民用航空产业国家高技术产业基地、福泉马场坪工业园区和安顺黎阳高新技术产业园区等生产地理中心。

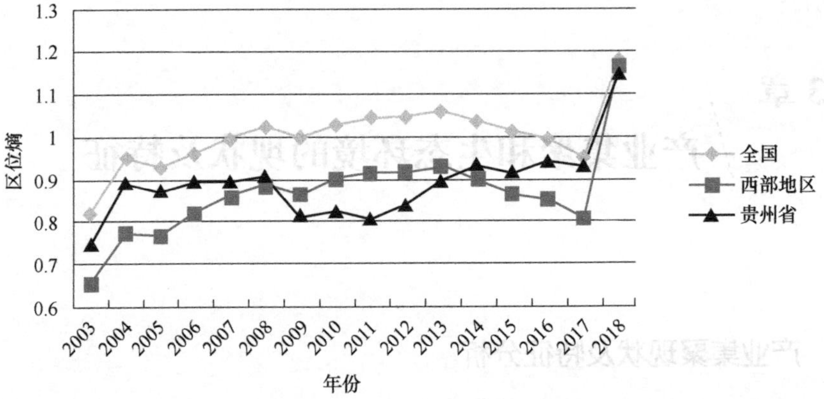

图 3-1　产业集聚水平变化趋势

3.1.2　白酒产业集聚度变化趋势

（1）从时间层面来看

2003—2017 年白酒产业集聚度呈波动上升的动态变化走势。整体而言，全国及东、西部地区白酒产业集聚度有显著提高，而中部地区白酒产业集聚度则波动较大、增幅较小。

由图 3-2 可知，在观测期内，东部地区白酒产业集聚水平从最开始低于全国水平，经过不断上升，于 2010 年远超全国、中部和西部地区，截至 2017 年，东部地区白酒产业集聚度稳定在 0.0465；中部地区白酒产业集聚度在样本观测期初处于领先地位，但在 2003—2017 年间上下浮动幅度较大，数值在 2017 年稳定在 0.0441，低于东部及全国水平；西部地区白酒产业集聚度在观测期间一直低于全国及东部地区，虽在 2011 年前后短暂超过中部地区，但在 2017 年稳定在 0.0415，不及全国及其他地区水平。

（2）从空间层面来看

研究期间各地区白酒产业集聚度呈现出明显的空间异质性。四川和山东的白酒产业集聚度远高于其他地区，均值为 0. 2330 和 0. 1304；河南、江苏和辽宁的白酒产业集聚度处于相对前沿，其均值稳定在 0. 0695；宁夏、青海、福建和浙江则排在最末端，这些地区的白酒产业集聚度尚未达到 0. 0050；其余地区白酒产业集聚度处于 0. 0054~0. 0500 之间。总体而言，样本观测期内各地区白酒产业集聚度水平整体不高且空间分布不均匀，东、中、西部三个地区呈依次递减的趋势。

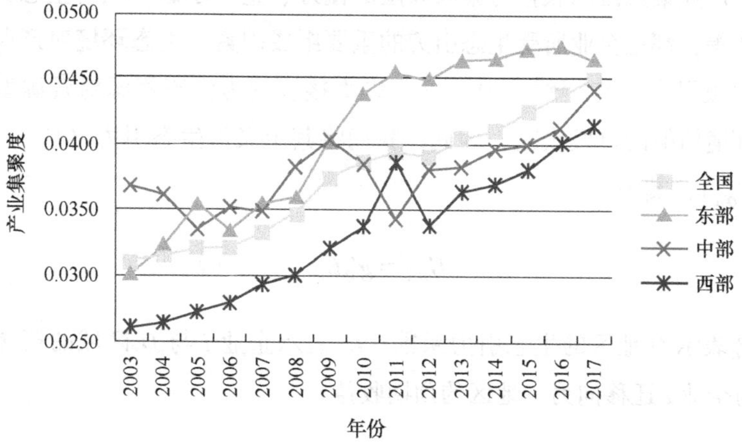

图 3-2　全国及东、中、西部地区白酒产业集聚度变化趋势

3. 2　生态环境现状及特征分析

3. 2. 1　生态引力的内涵

由于生态环境系统与产业集聚系统均为结构功能复杂的巨系统，直接研究二者的相互关系与耦合发展机制十分困难。因此，有必要将复杂的生态环境系统分解，找到其中与产业集聚系统关联最密切、交互最频繁的子系统，并在对该子系统与产业集聚系统的耦合机制、相互作用机理研究的基础上，构建二者的耦合系统，分析耦合系统的自组织演化规律，建立系统耦合效应的动态评估方法，进而实现生态环境与产业集聚联动发展。

生态环境系统具有在区域范围内稳定规模结构和保证良好生态环境承载力的反馈调节机制，其直接作用表现为生态环境对产业集聚区企业的“吸引力”

与“约束力”，从力学的观点来看，它满足力学的三要素（大小、方向、作用点）。我们将这种“吸引力”定义为生态引力，将生态环境系统中形成生态引力的各要素的集合定义为生态引力系统，并将其看作生态环境系统的子系统。区域生态环境系统特有的资源禀赋是形成生态引力的重要组成部分，集聚企业的受力大小很大程度上取决于资源禀赋与企业需求的匹配度。但区别于资源禀赋，生态引力是一种相对作用力，各企业的受力状况还与自身状态相关，如企业对进入产业集聚区的收益与集聚风险的偏好、企业原始环境与生态吸引区的相对距离等，都是企业所受生态引力的重要组成因素。生态环境对产业集聚区企业的“吸引力”与“约束力”又可以直接表现为生态资源对资源型产业的吸引和环境门槛的自发设定，因此，我们将其定义为生态引力（$G_{O,i}$）和环境斥力（$F_{O,i}$），其中

$$G_{O,i} = g'_O E_i e_i \tag{3-2}$$

式中，g'_O表示 O 地区的生态引力系数；E_i 表示企业 i 与 O 区域的资源匹配程度；e_i 为企业 i 迁移向另一地区的预期收益。

$$F_{O,i} = -E_O \frac{W_i}{C_i} \frac{a_i}{\sum_{i=1}^{n} a_i} \tag{3-3}$$

式中，E_O 表示集聚区环境规制系数；W_i 表示第 i 家企业的污染治理投入成本；C_i 表示第 i 家企业的年收益情况；W_i/C_i 表示第 i 家企业在集聚区中的竞争能力；a_i 表示第 i 家企业在集聚区的资源占有量。

在产业集聚的过程中，企业受到的环境斥力不断增大，生态引力不变，当环境斥力大到足够提供动力时，竞争失败的企业将沿着两种力的合力方向进行被迫离心运动。相邻地区为了促进经济发展和技术引入，通常放低环境门槛吸收从集聚区淘汰的企业主体，从而引起本地区的环境污染加剧。当生态引力大于环境斥力时，企业将自发形成新的集聚区并重新建立环保规则和竞争规则，周而复始。集聚区企业在生态引力和环境斥力的作用下，运动模式如图 3-3 所示。

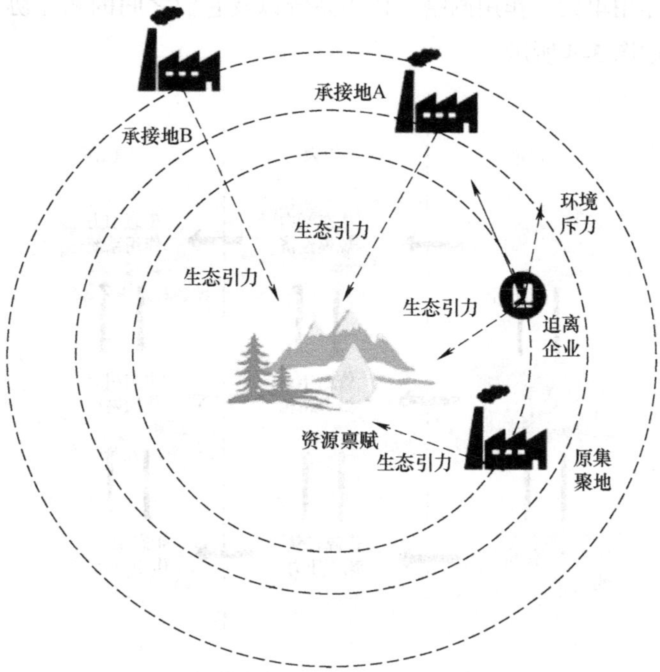

图 3-3　集聚区企业在生态引力和环境斥力作用下的运动示意图

3. 2. 2　生态引力特征分析

生态引力是一个复杂的概念，要合理利用生态引力，使其不断地提升对产业集聚区域经济发展的支撑能力，首先需要把握好生态引力的特征及演化路径。

我们所定义的生态引力主要表征是区域内的特有资源对某一类企业的吸引作用，它具有以下特征：

（1）动态性特征

生态引力是一个动态的概念，其动态性主要表现在资源的耗竭性上。生态引力源自资源的特殊性和稀缺性，但由于生态资源又具有耗竭性，被开采的次数越多，消耗得越多，因此资源存量决定了生态引力的状态。同时，生态引力不仅受到现有资源存量的影响，更受到资源开采速度的影响，随着产业集聚规模的增加，资源被消耗的速度越快，地区生态引力也将下降。

（2）自组织自演化特征

生态引力是一个融合时空维度和数量维度于一体的复杂系统，生态引力由生态引力的作用单元、作用网络、作用系统以及它们之间的相互协同构成，生态引力结构如图 3-4 所示。

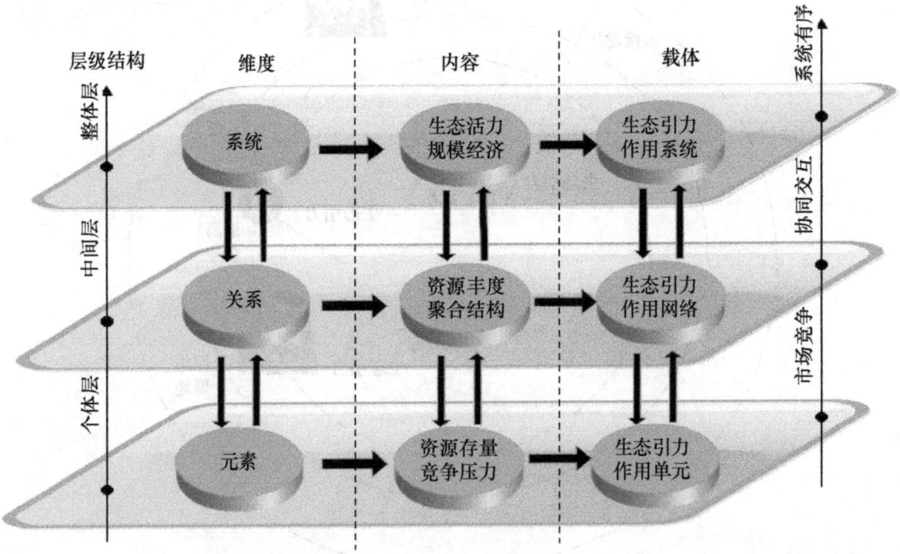

图 3-4　生态引力结构示意图

1）生态引力的个体层是最基本的作用力承载单元。该单元是企业和生态环境可持续协同发展的基础单元，其具体表现为区域内的资源存量和企业所承受的竞争压力形成的合力：其中，资源存量的多少反映了区域生态资源对企业的吸引强度，体现了企业与生态环境可持续发展的潜力；竞争压力的大小反映了单个企业进入新的区域所需要承受的竞争压力，是企业进入生态环境与否的重要参考依据。

2）生态引力的中间层是生态引力作用网络。生态引力作用网络是在生态引力辐射的所有企业之间形成的动态交互网络组织。企业在发展过程中，一方面会对资源进行开采和维护，另一方面会在资源存量的约束影响下，产生信息流动和协同创新的动力。在企业间信息交互的过程中，生态引力作用单元之间、生态引力作用单元及其他组织之间将自发形成相互协作的模式，促使同一地区内的资源要素和信息要素有效整合，形成聚合结构，实现内部竞争法则的生成和资源丰度比例的维持。

3）生态引力的整体层是生态引力作用系统。由于生态引力作用网络处在动态的环境中，因此当地的产业政策、环境政策、人才政策等因素都会对生态引力作用网络造成影响，我们将这些因素定义为生态引力的承载环境。一方面，生态引力作用网络形成的产业结构和资源丰度受到承载环境的约束和诱导，当地方承载环境对环境规制力度较大时，生态引力较高，同时企业所承担的污染治理成本也就越高，此时的产业结构将被承载环境所调整；另一方面，生态引力的承载环境随着生态引力作用网络的变化会做出相应调整，如，当某地区生态引力下降时，相关部门会对当地的生态保护政策和环境规制政策做出调整，进而使产业结构绿色清洁化。在生态引力作用网络和生态引力承载环境的共同作用下，将最终实现生态引力作用系统的稳定化和有序化，形成稳定的生态活力和适当的产业经济规模。

通过以上分析可以看出，生态引力作用系统是一个复杂的自适应系统，系统内各受力主体之间及其与区域环境之间相互作用。此外，生态引力作用系统还是一个自组织自演化的动态系统。系统的自组织自演化机制会使系统具有多重均衡、路径依赖、功能主导等特征，自组织自演化的作用机制一般有两种情况，它们均以效率波动的形式进行反馈：当系统形成正反馈调节机制时，生态引力作用系统的系统效率将不断优化和升级，最终呈现为企业目标的实现和系统运转效率的提升；当系统形成负反馈调节时，生态引力作用系统的系统效率将不断降低，最终演变成区域无效率的闭环锁定状态。当系统呈现良性演化时，区域内的生态引力作用单元通过资源竞争和市场博弈形成生态引力作用网络，生态引力作用网络通过交互机制和竞争法则的建立维持区域资源丰度并自发形成特色的产业结构，在网络组织的共同作用下，生态引力作用系统形成具有特定功能和结构的复杂系统并将上层规则及系统目标回流反馈给生态引力的基础作用单元，进而促进当地规模经济的稳定形成和区域生态资源的可持续利用。

（3）超循环演化特征

自组织理论认为，系统各要素或子系统之间的非线性相互作用是系统有序演化的原动力。超循环理论认为，大自然中所有存在的事物都在发展中循环，生态引力系统显然也符合这一特征，在生态引力发展的过程中，构成生态引力的各个要素之间的非线性相互作用持续存在，并推动着区域生态引力作用系统的演化。若将生态引力作用系统的演化看作一个有机生命体的生命周期活动，则生态引力可以看作系统生命活力的外在表现，而区域内的资源存量、产业结构和竞合规则分别是生命体的“ATP”“组织系统”及“催化酶”，生态引力正是在其内部各要素的共同作用下朝着特定的方向发展演化。显然，生命体的进化离不开酶的催化作用，在生态引力的超循环演化过程中，内部系统基于利益进行竞争和协同博弈，并将显现至少三种系统循环形式：

1）应激反应式循环，这是生态引力循环的基本形式，当稳定有序的生态引力作用系统受到来自系统环境的刺激（如政策激励）时，原本有序的系统将做出应激反应并形成系统内能源物质的循环。

2）竞合关系催化下的循环，当系统内部能源物质发生变化时，将引起内部各生态引力作用单元之间交互机制和信息传导质量的变化，并在新的交互机制和原有交互机制的共同作用下形成促进因子（催化酶），引导系统进入新一轮的循环反映中。

3）生态引力作用系统超循环，超循环是包含循环的循环。由于生态引力系统的层级结构和系统有序性，每个基础组成单元不仅会自我循环，还会与其他作用单元进行交叉循环，而且还将通过生态引力作用网络辐射到更大的作用单元。在生态引力超循环机制的作用下，不同层级结构上的生态引力作用单元紧密联系，在区域内生态引力的演化过程中，当地的资源丰度和产业结构不断变化，地方生态引力形成稳定的发展态势，并将朝着更高级的层次跃迁。

(4) 开放性特征

生态引力是通过受力载体之间的相互作用和反馈过程来支撑并促进区域相关产业集聚规模和产业结构的有序调整，最终实现区域生态活力的形成和可持续规模经济。开放性是生态引力作用系统有序演化的必要条件，只有系统与外界环境、子系统与子系统之间均保持高效、持续的物质、信息、能量交换，才能保证生态引力演化中有充足的可交互资源，进而形成创新动力和拉力，促使系统自组织演化，因此，生态引力作用系统具有开放性特征。

(5) 自限性特征

在生态引力自组织自演化的过程中，在外界环境和内部机制的共同作用下，生态引力将逐渐趋于平稳。具体而言，一方面，生态引力作用系统中各受力单元自身的目的性是推动生态引力作用系统发展和进化的基本动力，集聚系统内部的博弈竞争机制成为生态引力作用系统的重要调节功能。另一方面，从理论上来讲，生态引力源自生态资源，资源的枯竭性和易耗性决定了生态引力作用系统具有趋于稳定的内在趋势，因此，可以认为生态引力在吸引企业的过程中具有一定的自限性，生态引力演化路径如图 3-5 所示。随着受力单元的累加，生态资源消耗加剧，生态引力将逐渐减少，最终在内部竞争法则和资源约束的共同作用下，生态引力作用系统开启自我限制，并使生态引力趋于稳定。在此需要说明的是，生态引力的自限性是可以突破的。如果发生重要战略调整或市场失灵，生态引力会突破图 3-5 的最小值。但由于重大战略调整或市场作用的出现都需要经过相当长的时间，在一定时间内某一区域的生态引力可以认为是有限的。

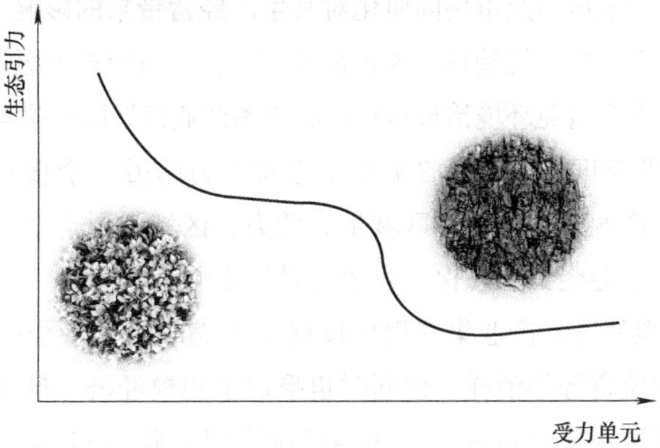

图 3-5　区域生态引力演化路径

（6）相对性特征

生态引力的相对性可以从两方面说明：一方面，从力学视角来看，生态引力具有力的一般作用性，因此生态引力的大小取决于受力方和施力方，对于同一施加生态引力作用的系统而言，尽管施力方相同，但受力企业自身的差异会导致各个受力载体受力大小的不同；另一方面，尽管生态引力作用系统是开放的，但区域生态引力作用系统是具有一定边界的，其具体体现为不同生态引力作用系统所涵盖的地理范围不同，由于地域性特征的存在，不同区域所拥有的生态引力是有所差异的，且任何一个区域的生态引力都是相对于其他区域而言进行比较的，是不同施力个体之间的相对比较，因此生态引力是一个具有相对性的概念，对于生态引力与产业集聚的研究也应该考虑其地域和资源的相对性。

3.2.3 生态引力作用系统演化分析

1. 生态引力演化影响因素识别

结合上文可知，生态引力演化的因素主要有以下几点：

1）区域内的资源存量。资源存量反映了某一时间点上区域的资源丰富水平，是该区域所产生的生态引力的直接衡量指标。资源存量一方面与现有资源有关，另一方面与资源消耗速度有关，因此产业的集聚规模、环境规制力度、区域生态保护人才数量等因素也会直接或间接地影响资源存量。

2）区域竞争压力水平。区域竞争压力水平反映了该区域生态引力吸引的企业所需要承受的竞争压力及市场同质化对其生产经营带来的影响。当区域竞争压力水平较大时，企业的环境治理投入将快速增加，环境治理意愿将减弱，企业可能通过不正当行为来避免环境治理责任或者逃离产业集聚区来缓解压力。

3）区域资源丰度。区域资源丰度是生态引力的另一个重要影响因素，可直接或间接影响产业集聚能力和区域生态活力，区域资源丰度不仅受到环境规制力度的影响，也会受到生态保护人才总量的影响。

4）产业集聚程度。产业集聚程度反映了生态引力的吸引效应，产业集聚的过程虽然会加速资源的消耗，但同时也形成了规模经济，推动了当地的经济增长，提升了区域规模经济绩效，为当地政府财政收入和 GDP 增长做出了贡献。当地经济的增长无疑可以为政府规划可持续发展战略和经济发展战略提供有效支撑。

5）区域环境规制力度。运用环境规制力度影响产业结构是政府对生态引力系统发展目标进行规划和干预的直接作用手段。在区域资源存量减少和财政力度提升的双重影响下，政府会加大对地域资源的保护力度，即提升环境规制力度，这就意味着企业所需要承担的环境治理费用将上升，此时区域对产业的集聚能力将会减弱，但同时也为企业生态化转型提供了契机，在环境规制作用下，企业将通过生态化发展来提升核心竞争力，最终实现区域生态活力的提升。

6）环境治理意愿。环境治理意愿是指企业愿意投入环境治理的成本，其内容主要包括环境保护费用投入和环境保护技术创新投入两方面。环境治理意愿不仅是企业可持续发展意识的直接体现，还可以通过影响生态化企业数量和企业的环境治理投入来间接影响区域产业发展绩效。

7）区域人才资源。人力资源要素是地方经济发展和环境保护的重要构成，本书的人才资源特指生态保护的相关人才。地域内生态保护人才资源的增加将带来“人才红利”和研发创新能力，进而有效改善当地产业发展与资源消耗之间的矛盾问题。

8）可持续发展意识与区域生态活力。可持续发展意识与区域生态活力是生态引力作用系统的最终系统目标层，也是反映生态引力演化的重要指标。无论对于政府层面、产业层面还是企业层面来说，一个良好的可持续发展氛围和一个健康良好的区域生态活力无疑是实现地区特色经济与生态环境和谐发展的基本前提。

2. 生态引力演化的驱动因素分析

从上文可知，生态引力的影响因素较多，其中各个影响因素之间不仅存在相关性，还具有潜在的内生性和交互性，如环境治理意愿与环境规制力度之间就存在交互因果性，很难判断两个指标之间的因果顺序。对于此类问题，我们基于系统动力学方法对生态引力的复杂动态系统进行分析，充分考虑了专家经验和构成因素之间的因果逻辑，构建了生态引力演化过程的因果关系模型，以揭示生态引力演化的关键驱动因素。

生态引力演化因果关系构建的基本假设条件如下：①生态引力的演化在时间和空间上具有连续性、渐进性和空间依存性；②假设系统仍处于良好状态，在外界环境中无重大动荡时系统不会自动崩解；③以区域资源存量代表生态资源发展水平，生态活力和产业发展绩效作为生态引力演化的最终表现形式。

根据上述条件及影响因素之间的关联性，我们绘制了生态引力演化的因果关系，如图 3-6 所示。

在系统动力学中，相关主体和因素间的相互作用主要通过因果回路和逻辑链接来表示。从图 3-6 可知，生态引力的演化与发展是一个多因素相互作用的反馈协同过程，这一过程的因果关系中包含 6 条主要回路：

① 政府对人才配套措施及相关政策的投入→+区域生态保护人才总量→-资源消耗速度→+区域资源存量→+区域生态活力→+同质化市场规模→+市场竞争压力→+企业的环境治理投入→+区域生态产业发展绩效→+政府财政力度→+政府对环境规制的投入→+政府对人才配套措施及相关政策的投入。

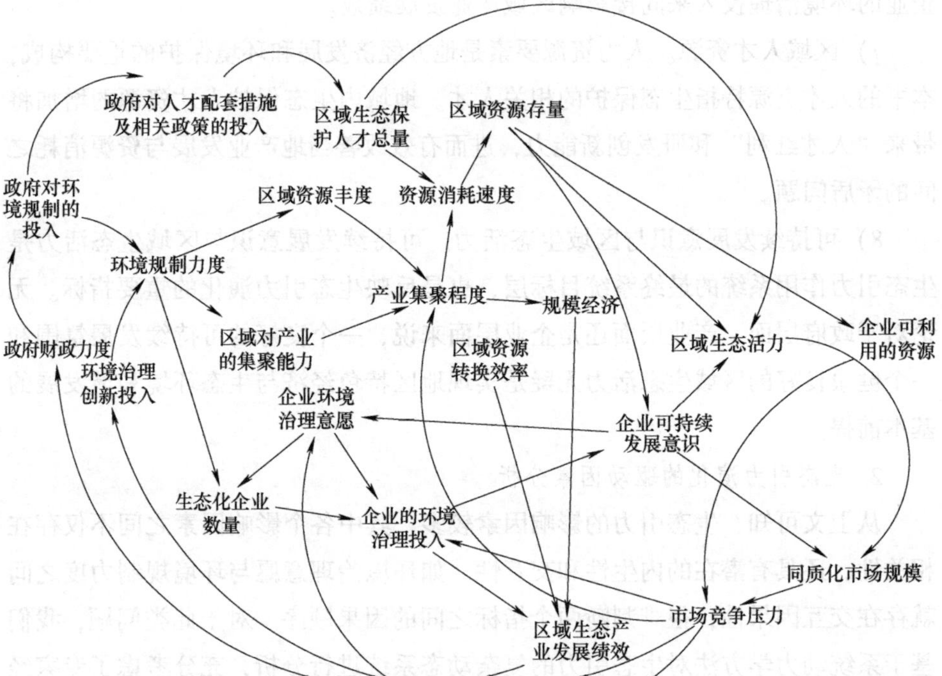

图 3-6 生态引力演化的因果关系

这一回路从人才资源的角度，说明了生态保护人才在生态引力演化过程中起到的正向调节作用，政府对人才配套措施及相关政策的投入是维持和提高当地生态活力和生态引力的关键。人才资源是区域可持续发展的核心，有吸引力的人才政策会增加区域对人才的吸引力，因此应该鼓励政府部门加大对相关专业人才的政策福利，不断完善基础配套设施，集聚更多的生态保护人才，推动区域经济可持续发展。

② 产业集聚程度→+资源消耗速度→-区域资源存量→-企业可利用的资源→+市场竞争压力→-产业集聚程度。

③ 市场竞争压力→+环境治理创新投入→+环境规制力度→-区域对产业的集聚能力→-产业集聚程度→-资源消耗速度→+区域资源存量→+企业可利用的资源→-市场竞争压力→+企业的环境治理投入→+企业可持续发展意识→+同质化市场规模→+市场竞争压力。

这两条回路反映了市场“无形的手”对产业集聚系统的宏观调控作用，是产业集聚系统和区域规模经济的自调节机制的体现。在生态引力演化的过程中，必然伴随着产业集聚规模和结构的变化，但集聚系统中各企业之间的博弈与竞合关系会受到区域资源存量的影响。当产业集聚达到一定程度时，资源迅速消耗使集聚区域的资源存量减少，资源紧张会激活市场的调控功能，进而对产业集聚结构进行调整和“洗牌”，将落后的企业淘汰，保证系统的稳定性，这个过程具体表现为产业集聚程度的波动和平衡。因此，可以将市场调控和企业间自发形成的规律法则带来的产业集聚度的变化看作生态引力有序演化的表象。

④ 环境规制力度→-区域对产业的集聚能力→+产业集聚程度→+规模经济→+区域生态产业发展绩效→+政府财政力度→+政府对环境规制的投入→+环境规制力度。

⑤ 环境规制力度→+区域资源丰度→+产业集聚程度→+规模经济→+区域生态产业发展绩效→+政府财政力度→+政府对环境规制的投入→+环境规制力度。

⑥ 环境规制力度──→+生态化企业数量──→+企业的环境治理投入──→+区域生态产业发展绩效→+政府财政力度→+政府对环境规制的投入→+环境规制力度。

这三条回路反映了环境规制力度对生态引力演化的驱动作用，可以看出，环境规制对生态引力的影响十分广阔，从企业所处环境、成本及产业结构三个维度均能影响到区域生态产业发展绩效。一方面，环境规制可以被看作“有形的手”，通过影响区域对产业的集聚能力来调节产业结构和规模，“有形的手”如何与市场“无形的手”进行配合是实现可持续规模经济的关键；另一方面，环境规制不仅会通过影响区域的资源丰度来对区域生态产业发展绩效产生作用，还会形成规则迫使产业集聚系统中的企业向生态型产业转型。因此，产业生态化和生态产业化是生态引力演化过程中的必然趋势。

从上述分析可以看出，生态引力演化过程的关键驱动因素是：人才资源、环境规制和产业集聚，如图 3-7 所示。

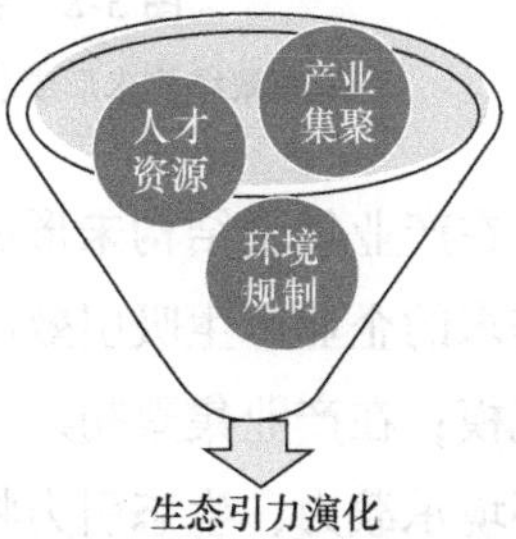

图 3-7　生态引力演化过程的关键驱动因素

3.3 生态引力视角下产业集聚系统演化机制分析

3.3.1 生态引力与白酒产业集聚的时空耦合机制分析

任何一个经济组织都会经历包括生产、发展和衰落过程的完整生命周期，产业集聚也是如此。由于受到区位条件、资源优势和要素禀赋差异的影响，产业集聚区的形成和发展要经过漫长的演化，系统中要素的聚合和布局也要经历一个从低级到高级的演变过程。生态环境会形成一种导致企业定向集聚的作用机制，其过程如图 3-8 所示。

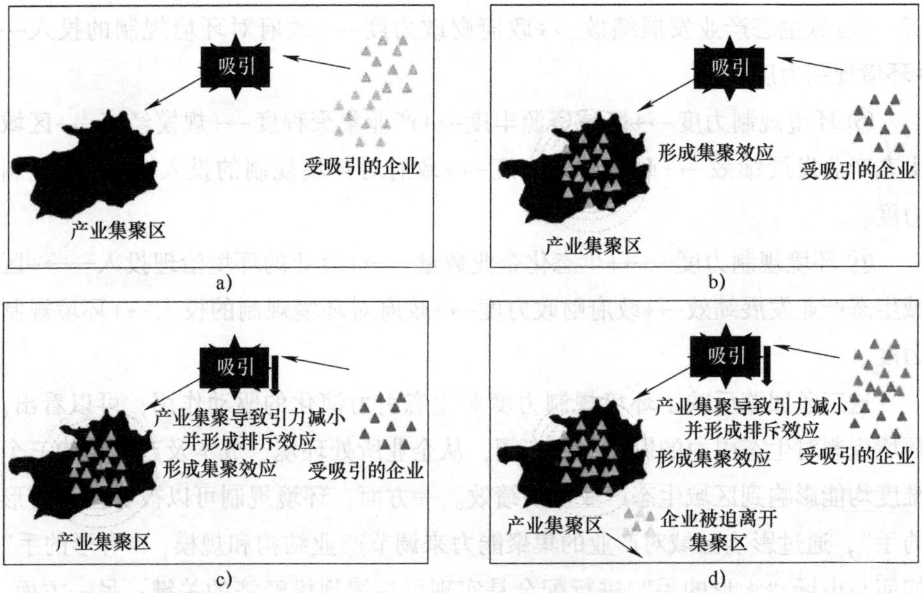

图 3-8 生态环境系统与产业集聚系统的交互过程

a）产业集聚结构未形成前 b）产业集聚初期 c）产业集聚中期 d）产业集聚后期

在产业集聚结构未形成前（图 3-8a），丰富的区域生态资源会对有相关资源需求的企业产生吸引效应，促使周边的企业向该区域迁移，并形成初步的产业规模；在产业集聚初期（图 3-8b），由于集聚的生态破坏力远小于生态系统的环境承载力，生态引力将继续吸引企业聚集，随着企业数量的逐渐增加，行业市场与竞争规则雏形也将逐渐形成；在产业集聚中期（图 3-8c），由于集聚区内各企业主体对资源的占用和环境的破坏，集聚区的吸引效应将不断减小，当集聚规模超过生态系统的环境承载力时，吸引效应转换为排斥效应，集聚区各主体开始以提高生态资源占有率和可持续竞争力为目标进行博弈，形成竞争市场并进一步建立该地区公共资源的管理与行业约束法则；在产业集聚后期（图3-8d），随着资源储量的不断减少，企业受到的资源约束和市场竞争激励程度不断加大，进一步导致集聚区自发形成环境门槛和淘汰规则，此时更显著的排斥效应使无法达到环境门槛和竞争力较弱的企业被迫离开产业集聚区。

由于生态引力是一组相对作用力，对于不同产业而言，被其所吸引的生态资源是有所差异的，例如大数据产业数据终端运行及存储数据对温度的要求较高，因此会受到气候生态引力的影响；采矿行业对自然资源储备的要求较高，因此会受到矿物资源存量的吸引。以白酒产业为例，由于白酒品质与水资源息息相关，该产业是典型的资源型产业，在多年的自组织自演化过程中形成了“依水而生”的特色空间集聚格局；但酿酒过程中会产生很多重污染有机废水，酿酒废液的不当排放将导致产业区出现严重的水体污染现象。因此，影响白酒产业集聚的主要非市场因素就是地区的水资源，一般而言，水体环境越好的地区，对白酒企业的生态引力越大，直接表现为产业集聚程度的增加，如我国白酒黄金三角产区（泸州、宜宾、遵义）的产业集聚变化程度就与流经该区域的赤水河水质情况息息相关。

为验证生态引力与白酒产业集聚的耦合相关性，我们选取我国28个省市区的白酒产业为研究对象，用水体污染程度表示白酒产业集聚区的生态引力负向指标，通过研究白酒产业集聚度与水体环境污染程度的时空演化趋势、空间格局，探明二者的空间依赖性，同时建立空间计量模型，考察白酒产业集聚与生态引力的空间相关性、区域特性及空间溢出特征。

1. 模型方法

（1）时空异质性检验

为测量白酒产业集聚与水体污染效应的时空异质性，我们利用熵权法计算2007—2018年28个省市区之间的集聚指数和水体污染程度，并对其时空分布趋势进行分析。

（2）空间异质性检验

为检验白酒产业集聚与生态引力的空间相关性和空间相似性，我们采用全局Moran's I进行测量，其公式为

$$I = \frac{m\sum_{i=1}^{m}\sum_{j=1}^{m} W_{ij}(X_i - \overline{X})(X_j - \overline{X})}{\sum_{i=1}^{m}\sum_{j=1}^{m} W_{ij}\sum_{i=1}^{m}(X_i - \overline{X}_i)^2} \tag{3-4}$$

式中，m 表示样本数；X_i、X_j、$\overline{X}$、$\overline{X}_i$ 分别表示第 i 区域观测值、周围区域 j 的观测值、整体平均值及观测值的平均值；W_{ij} 表示空间权重。

$I>0$ 表示空间正相关性，其值越大，空间相关性越明显；$I<0$ 表示空间负相关性，其值越小，空间相关性越弱；$I=0$，则表示空间随机性。考虑到白酒产业的地理口感偏好性和非必需商品特殊性，我们参考王火根提出的经济距离矩阵构建方法，构建了综合考虑地理距离和经济水平的嵌套空间权重矩阵。

（3）模型选择与变量解释

结合已有文献，考虑到实证过程中涉及环境、经济、社会等多个领域的变量，我们以经典 STIRPAT 模型为基础，构建了白酒产业集聚与生态引力的计量模型，其表达式为

$$\ln W_{it} = \ln a_i + \beta_1 \ln A_{it} + \beta_2 \ln P_{it} + \beta_3 \ln G_{it} + \beta_4 \ln T_{it} + \ln \varepsilon_{it} \tag{3-5}$$

式中，a 为模型系数；i 表示地区；t 表示年份；W、A、P、G、T 分别表示水体污染效应、白酒产业集聚度、人口总量、富裕程度和技术水平；$\beta_1 \sim \beta_4$ 表示相应解释变量的弹性系数；ε 为扰动因子。

对于变量的解释如下：

1）水体污染效应（W），是生态引力的负向变量，以水体污染指数表示。通过对白酒产业的工艺流程进行分析发现，该产业工业废弃物主要是含有丰富耗氧成分和氨氮元素的工业废水，参照 GB 27631—2011《发酵酒精和白酒工业水污染物排放标准》，水体污染指数是从工业废水量、化学需氧量、五日生化需氧量、氨氮含量四个方面对白酒产业集聚区的水体污染效应进行测算的。

2）白酒产业集聚度（A），是衡量产业集聚水平的指标，以各省市区白酒产业产值占行业总产值的比重来表示。

3）人口总量（P），以各省市区年末人口总数表示。

4）富裕程度（G），代表集聚地的人均收入水平，以人均 GDP 表示，为消除价格影响，以 2007 年为基期进行指数平减。

5）技术水平（T），反应集聚区的创新能力和管理水平，以各省市区每年年末的专利授权量表示。

（4）数据来源与说明

为规避“限酒令”对白酒产业布局的政策效应，我们选用 2007—2018 年除西藏、上海、海南及港澳台（数据不全）外的我国 28 个省市区的面板数据。其中，白酒产值、产量等数据来源于 Wind 数据库；其余原始数据来自《中国统计年鉴》和《中国环境统计年鉴》。各个变量的描述统计结果见表 3-1。

表 3-1　变量的描述统计结果

变量名称	定义	单位	样本数	平均值	标准差	最小值	最大值
水体污染效应（W）	水体污染指数	—	336	0.144399	0.109652	0.0042	0.6306
白酒产业集聚度（A）	行业产值比重	—	336	0.035715	0.048578	0.0007	0.3021
人口总量（P）	年末人口总数	万人	336	4394.827	2573.798	534	10724
富裕程度（G）	人均 GDP	元	336	26647.4	8297.617	6915	54566.5
技术水平（T）	专利授权量	项	336	16656.98	29835.24	70	202350

2. 实证分析

（1）白酒产业集聚与水体污染的时空演化趋势分析

对 2007—2018 年各省市区白酒产业集聚度和水体污染指数的时空演化进行分析，发现二者整体变化均较为平缓，白酒产业分布呈现空间聚合态，而水体污染效应有从西部地区向东部地区转移的趋势（见图 3-9）。白酒产业集聚度明显增加的地区包括内蒙古、吉林、黑龙江、河南、湖北、湖南、四川，而其周边区域的产业集聚度下降趋势明显，这与该产业的时空聚合有着必然的联系。水体污染指数上升、生态引力减弱的地区有天津、内蒙古、黑龙江、江苏、福建、江西、湖北、广东及大部分西北地区，其主要原因是上述地区大多处于经济增长的快速阶段，为吸引资本注入，忽视了污染治理或刻意放低了环境门槛。此外，北京、山西、河北、辽宁、山东、河南、广西、四川等地的水体污染指数下降、生态引力增加，可能的原因主要有两点：①近年来东部发达地区环境门槛逐年提升，导致部分白酒企业被淘汰后转移到中西部环境门槛低的地区，进而净化了东部地区的环境污染；②四川等地区作为产业的领头羊，具有较高的产业优势和水资源高质量、可持续利用的需求，因此加大了环境治理投入，增强了水体保护力度和相关环保技术的创新，进而减轻了区域水污染现象。

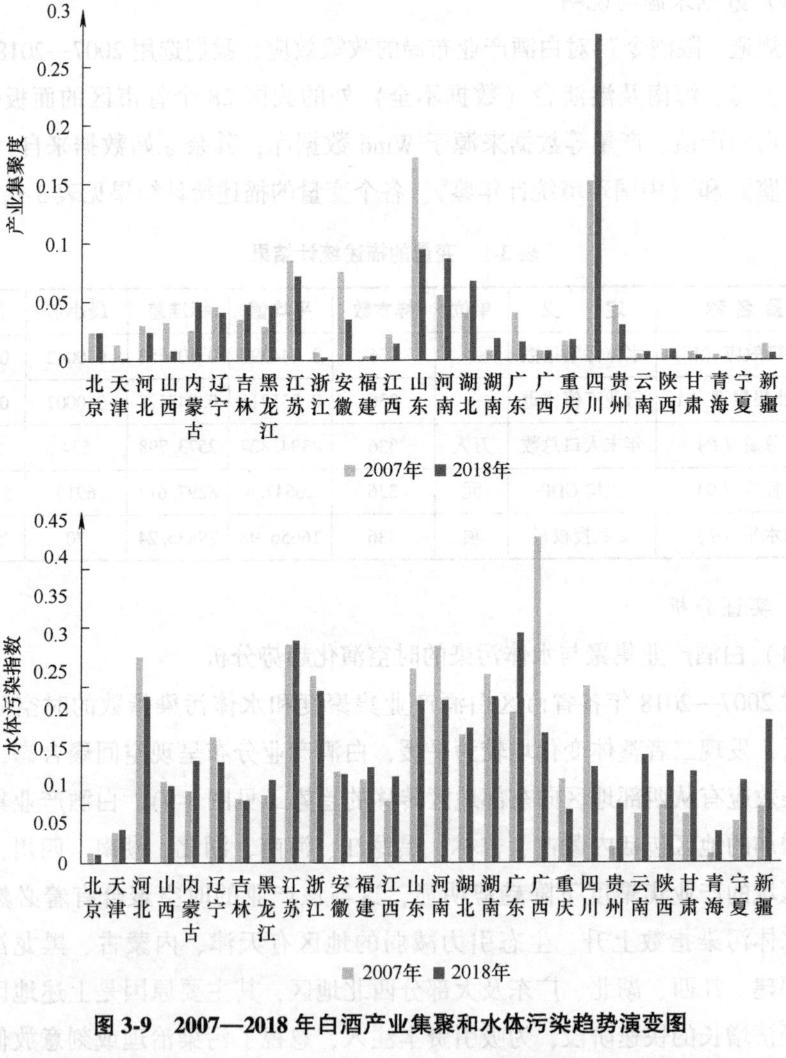

图 3-9　2007—2018 年白酒产业集聚和水体污染趋势演变图

（2）白酒产业集聚与水体污染的空间演化趋势分析

我国各省市区间地理环境、资源禀赋和经济水平形成了显著的空间异质性。为了进一步探明白酒产业集聚与水体污染的空间异质性特征，我们通过全局 Moran's I 检验水体污染效应、白酒产业集聚度人口总量、富裕程度及技术水平五个关键变量是否存在空间自相关性，结果见表 3-2。

表 3-2　变量的全局 Moran's I 与空间自相关性检验结果

年份	水体污染效应	p 值	白酒产业集聚度	p 值	人口总量	p 值	富裕程度	p 值	技术水平	p 值
2007	0.014	0.071	−0.134	0.090	0.020	0.052	−0.082	0.091	−0.035	0.063
2008	0.010	0.089	−0.156	0.047	0.020	0.052	−0.085	0.077	−0.037	0.043
2009	−0.004	0.169	−0.156	0.048	0.015	0.068	−0.087	0.068	−0.036	0.044
2010	0.021	0.046	−0.151	0.049	0.015	0.067	−0.088	0.064	−0.027	0.088
2011	0.021	0.046	−0.166	0.037	0.015	0.067	−0.088	0.065	−0.030	0.075
2012	0.012	0.081	−0.162	0.039	0.015	0.066	−0.087	0.069	−0.024	0.093
2013	0.002	0.130	−0.148	0.049	0.016	0.066	−0.085	0.078	0.011	0.154
2014	0.001	0.140	−0.148	0.034	0.010	0.088	−0.083	0.086	0.027	0.052
2015	0.012	0.073	−0.138	0.029	0.010	0.088	−0.081	0.096	0.046	0.041
2016	0.003	0.116	−0.155	0.027	0.010	0.086	−0.079	0.108	0.052	0.063
2017	0.004	0.112	−0.147	0.027	0.011	0.086	−0.077	0.119	0.046	0.057
2018	0.000	0.072	−0.142	0.028	0.011	0.085	−0.074	0.134	0.043	0.072

从表 3-2 可以看出：

1）五个变量的全局 Moran's I 在大多数年份均通过了 10%水平下的显著性检验，说明这些变量均存在一定程度的空间依赖性。

2）白酒产业集聚度呈现显著的空间负相关，说明白酒产业集聚度受邻近地区的影响显著，并呈现负相关性，即白酒产业集聚度高的地区周围的白酒产业集聚度低。这主要有两方面的原因：一方面是因为白酒产业对资源禀赋的高度依赖性和对技术创新的高度需求性，导致资源禀赋和集聚优势产生的吸引力远大于资源竞争和主体博弈产生的排斥力，因此会激励白酒产业向资源丰富、技术先进的地区转移；另一方面是资源的有限性和产品的同质化竞争产生了淘汰规则，由于邻近区域的白酒产品同质化严重且市场需求固定，在资源和市场竞争的过程中，资源利用率和市场占有率低的产业区将被迫退出竞争。

3）水体污染效应主要呈现空间正相关，但是由于其空间依赖性表现不明显，我们利用 GeoDa 软件对 2007 年和 2018 年的截面数据进行空间格局的异质性检验，得到空间差异格局分布如图 3-10 所示。

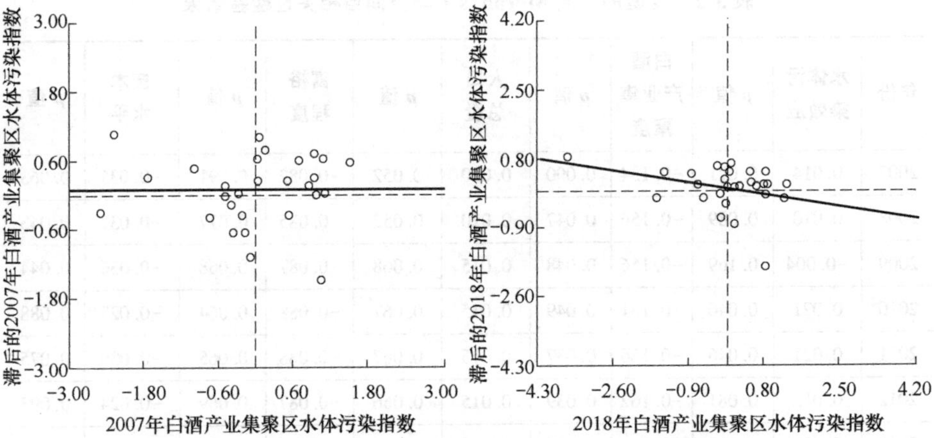

图 3-10　白酒产业集聚区水体污染效应的空间差异格局分布

28 个省市区白酒产业集聚的水体污染出现了明显的非对称空间格局。2007 年，落入水体污染“高-高”象限的为山西、辽宁、浙江、江苏、安徽、福建、山东、河南、湖南、广东、广西、重庆、四川，落入水体污染“低-高”象限的为北京、天津、江西、贵州、云南、甘肃，落入水体污染“低-低”象限的为内蒙古、吉林、黑龙江、陕西、青海、宁夏、新疆，落入水体污染“高-低”象限的为河北、湖北。2018 年，落入水体污染“高-高”象限的为辽宁、浙江、福建、河南、湖南、广东、广西、四川、云南、甘肃、新疆，落入水体污染“低-高”象限的为北京、天津、山西、安徽、江西、重庆、贵州、甘肃，落入水体污染“低-低”象限的为吉林、黑龙江、陕西、青海、宁夏，落入水体污染“高-低”象限的为河北、内蒙古、江苏、山东。

（3）空间效应分析

地理学第一定律认为，时间或空间上的任何两个事物具有一定的关联性，且这种关联性与直线距离成反比。Anselin 等在时空相关性的基础上，提出了空间效应假说。简单来说，空间效应就是任意空间单元的生产活动对另一事物所带来的空间影响。为了探明白酒产业集聚与生态引力之间的空间关系，基于前文各变量的空间相关性检测结果，我们在 STIRPAT 模型的基础上加入空间效应，并构建了我国白酒产业集聚与水体污染的空间面板杜宾模型。即

$$\ln W_{it} = a + \omega \ln W_{it-j} + \beta_1 \ln A_{it} + \beta_2 \ln P_{it} + \beta_3 \ln G_{it} + \beta_4 \ln T_{it} + \mu_1 W \ln A_{it-j} + \mu_2 W \ln P_{it-j} + \mu_3 W \ln G_{it-j} + \mu_4 W \ln T_{it-j} + \lambda_{it} + \varepsilon_{it} \quad (3\text{-}6)$$

式中，a 为常数；$\omega \ln W_{it-j}$ 为被解释变量的滞后性，其中 ω 表示本地水体污染对相邻区域水体污染的空间相互作用因子，j 为滞后阶数；β_1、β_2、β_3、β_4 分别表示相应解释变量的弹性系数；μ_1、μ_2、μ_3、μ_4 表示解释变量的空间滞后项的弹性系数；W 表示 28×28 阶的经济-地理空间嵌套权重；λ_{it} 表示个体固定效应；ε_{it} 表示随机误差项。

为了确定模型的具体形式，依次进行了 Moran's I 检验、Robust 检验、LR 检验、Wald 检验、Hausman 检验。结果表明：①Moran's I 在 1%的水平上通过显著性检验；②Robust 拒绝原假设，并倾向于空间误差模型；③Wald 检验、LR 检验和 Hausman 统计量均在 1%的显著性水平上拒绝了原假设。综上，选择固定效应空间杜宾模型。

为了避免双空间滞后项对反馈效应的影响，我们利用偏微分法将溢出效应分解为本地效应和外溢效应（见表 3-3）。根据空间杜宾模型回归分析的结果可知，在空间嵌套矩阵下，白酒产业集聚度为-1.973，且在 10%的水平上显著，即每增加 1%的白酒产业集聚度，本地的水体污染指数将减少 1.973%。为确保回归结果的可靠性，我们采用空间地理距离权重作为矩阵进行了稳健性检验，可以看出，在不同地理加权矩阵作用下，模型变量系数符号和显著性并未出现较大的变化。因此，可以认为白酒产业集聚度与水体污染指数具有显著的负相关性，由于水体污染指数是生态引力的负向指标，因此可以认为白酒产业集聚和生态引力具有显著的正相关性。

表 3-3　空间杜宾模型回归分析结果及稳健性分析

变　量	空间嵌套矩阵		空间地理距离权重矩阵	
	回归系数	t 值	回归系数	t 值
ln A	-1.973***	-2.80	-1.744***	-2.59
ln P	4.858**	3.72	4.945***	3.64
ln G	-5.381**	4.38	-5.203**	-1.85
ln T	0.690***	-4.83	0.663***	4.91

注：*、**、***分别表示在 1%、5%、10%的显著性水平。

3.3.2　生态引力视角下白酒产业集聚系统演化机制分析

由上文可知，生态引力与白酒产业集聚呈现显著的正相关，通过分析发

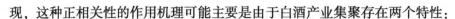

现，这种正相关性的作用机理可能主要是由于白酒产业集聚存在两个特性：

1. 自净性

自净效应是指受污染物体依靠其特有的代谢机能达到净化或无害化的现象。在白酒产业集聚的过程中：一方面，密集的资源要素吸引了大量的资本、先进技术和优秀人才，放大了产业集聚系统的创新潜力和能动性，使集聚区积累了充足的技术创新资本，为治理环境污染提供了前提条件和“能量”；另一方面，白酒产业集聚系统内的各企业共用该区域资源，在污染治理和环境规制问题上，企业常以投入成本最小化和公共谴责最小化进行双目标动态博弈决策，并以自身为中心寻找最优模仿对象，因此在产业集聚区内形成了明显的模仿效应。就白酒产业而言，产业集聚系统内部的模仿效应可分为积极效应和消极效应，若集聚区内的正向榜样越多，则积极模仿效应越大，水体污染净化效应越显著；反之，在消极效应的作用下，产业集聚系统内部所有企业均陷入以个体利润最大化、污染治理成本和技术研发成本最小化为目标进行恶性博弈，最终导致区域空间内产品市场同质化竞争加剧、环境监管力度下降、水体污染效应增加，当水体污染达到一定程度时，将形成资源约束，导致集聚系统内部建立环境门槛和资源保护规则，并引发“逐底竞争”，迫使达不到环境门槛且竞争力较弱的企业离开集聚区，从而实现了产业集聚系统内部的自我净化。

2. 时空关联性

由于对水质等自然资源的依赖，白酒产业与其他资源型产业一样存在产业集聚群之间的时空关联性，对于白酒产业而言，这种时空关联性主要表现为在产业转移聚合、迫离等过程中，对相邻空间区域的污染溢出以及技术、管理等知识的空间共享。以四川和贵州两大白酒产业集聚区为例，一方的产业结构与规模的变化会通过一系列的时空关联效应影响到另一方，如被四川白酒产业集聚区淘汰的白酒企业会优先选择离原产地更近，且环境规制力度更低的贵州白酒产业集聚区；而对于生产同一类型产品的白酒企业而言，在人才流动和资源溢出的作用下，先进的技术与信息在两个产区之间流转，进而加速市场的同质化竞争程度或者实现规模经济的协同发展。

在自净性和时空关联性的共同作用下，白酒产业系统将进行有序演化，如图 3-11 所示。

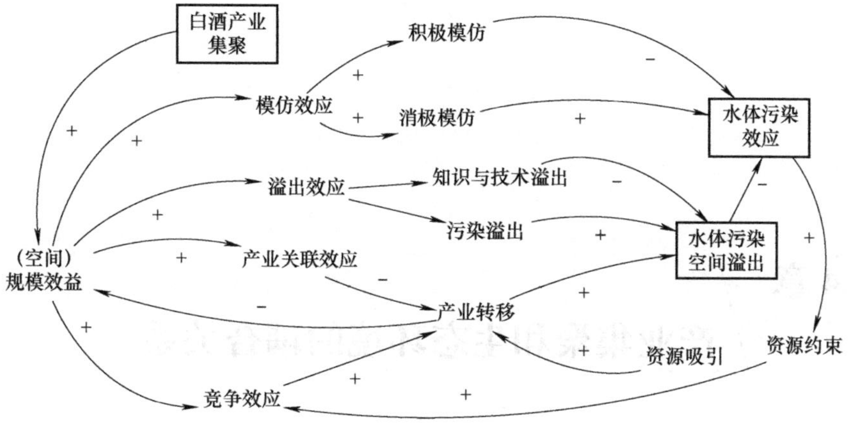

图 3-11　白酒产业演化过程的因果关系

第 4 章 产业集聚和生态环境的耦合关系

4.1 产业集聚和生态环境之间关系的初步分析

我们按照区位熵、空间基尼系数、行业集中度指数等方法测算产业集聚，判断产业在地理空间中的分布情况是具有偏离性还是具有均匀性，若企业集中分布在地理空间中，则该区域的产出密度会相应较高；若企业离散分布在地理空间中，则该区域的产出密度较低。这表明产业集聚也可以由产出密度的大小来衡量，因此，参考 Ushifusa 和 Tomohara（2013）提出的产出密度模型，我们初步建立模型如下：

$$\frac{Q_i}{A_i}=\theta_i\left[\left(\frac{N_i}{A_i}\right)^{\beta}\left(\frac{K_i}{A_i}\right)^{1-\beta}\right]^{\alpha}\left(\frac{Q_i}{A_i}\right)^{(\gamma-1)/\gamma} \tag{4-1}$$

式中，A_i 表示区域 i 的面积；N_i 表示区域 i 的就业人数；K_i 表示区域 i 的物质资本投入；Q_i 表示区域 i 的总产出；θ_i 表示希克斯中性乘数；$\alpha(0<\alpha\leqslant 1)$ 表示要素投入的单位产出贡献率；$\beta(0<\beta<1)$ 表示劳动的单位产出贡献率；$(\gamma-1)/\gamma$ 表示集聚外部性参数。

然而，该模型在投入端的资本 K_i 主要指人造资本，多以技术化、劳动化的产品存在，通过生产加工的方式增值，受到经济周期和市场环境的影响。但实际上产品的加工生产也离不开自然资源的投入转换，如厂房占据的土地资源，烟酒产业等资源型产业依赖的资源禀赋，这些资源以自然形态或人化自然的形态存在，通过自然或循环可再生的方式实现增值，受到生态自然周期和人化技术辅助的影响。因此我们在投入端添加自然资本 R_i，扩展后的模型如下：

$$\frac{Q_i}{A_i} = \theta_i\left[\left(\frac{N_i}{A_i}\right)^{\beta}\left(\frac{K_i}{A_i}\right)^{\delta}\left(\frac{R_i}{A_i}\right)^{1-\beta-\delta}\right]^{\alpha}\left(\frac{Q_i}{A_i}\right)^{(\gamma-1)/\gamma} \tag{4-2}$$

式中，$\delta(0<\beta+\delta<1)$ 为资本投入的单位产出贡献率，其余变量含义与式（4-1）相同。

人造资本要素的边际产量等于人造资本在市场的价格 a_i，则人造资本的需求表达式为

$$K_i = \frac{\alpha\delta Q_i}{a_i A_i} \tag{4-3}$$

将式（4-3）代入式（4-2），得到

$$\frac{Q_i}{A_i} = \theta_i^{\frac{\gamma}{1-\alpha\delta\gamma}}\left(\frac{\alpha\delta A_i}{a_i}\right)^{\frac{\alpha\beta\gamma}{1-\alpha\delta\gamma}}\left(\frac{Q_i}{N_i}\right)^{\frac{\alpha\delta\gamma}{\alpha\delta\gamma-1}}\left(\frac{R_i}{Q_i}\right)^{\frac{\alpha(1-\beta-\delta)\gamma}{1-\alpha\delta\gamma}} \tag{4-4}$$

式（4-4）两边同时取对数，则

$$\ln\left(\frac{Q_i}{A_i}\right) = \frac{\gamma}{1-\alpha\delta\gamma}\ln\theta_i + \frac{\alpha\beta\gamma}{1-\alpha\delta\gamma}\ln\left(\frac{\alpha\delta A_i}{a_i}\right) + \frac{\alpha\beta\gamma}{\alpha\delta\gamma-1}\ln\left(\frac{Q_i}{N_i}\right) + \frac{\alpha(1-\beta-\delta)\gamma}{1-\alpha\delta\gamma}\ln\left(\frac{R_i}{Q_i}\right) \tag{4-5}$$

从式（4-5）的结果看，产业集聚程度 Q_i/A_i 受到劳动生产率 Q_i/N_i 和自然资本生产率 R_i/Q_i 等因素的共同影响，即生态环境系统中蕴藏的自然资本会对产业集聚造成大小为 $\alpha(1-\beta-\delta)\gamma/(1-\alpha\delta\gamma)$ 的作用力。

生产产品是一个消耗劳动力、人造资本和自然资本，通过技术辅助支撑将投入转换为产出的过程，但这个过程在得到期望产出的同时也会得到污染排放等非期望产出。适度的产业集聚能够推动企业在地理空间中缩短彼此间的距离，使沟通和交流更加便捷有效，知识溢出和技术溢出使清洁生产成为可能，污染设施的共享效应也让企业优化了自身的生产成本，降低污染排放的强度，向集约化方向发展；然而，过度集聚会迫使企业在区域内恶性竞争，争夺有限的自然资源，拥挤效应频频出现会加剧污染排放，同时随着生产规模的不断扩大，投入要素的边际收益不断降低，且生态治理效果显现缓慢，将需要建立更多的生态补偿机制。

因此，我们在式（4-2）的产出端将非期望产出的污染排放 C_i 作为总产出

的一部分，考察产业集聚对生态环境的影响，得到

$$\frac{Q_i + C_i}{A_i} = \theta_i \left[\left(\frac{N_i}{A_i}\right)^{\beta}\left(\frac{K_i}{A_i}\right)^{\delta}\left(\frac{R_i}{A_i}\right)^{1-\beta-\delta}\right]^{\alpha}\left(\frac{Q_i + C_i}{A_i}\right)^{(\gamma-1)/\gamma} \tag{4-6}$$

将人造资本的需求表达式（4-3）带入式（4-6），得到

$$\left(\frac{Q_i + C_i}{A_i}\right)^{\frac{1}{\gamma}} = \theta_i N_i^{\alpha\beta}\left[\frac{\alpha\delta(Q_i + C_i)}{a_i A_i}\right]^{\alpha\delta} R_i^{\alpha(1-\beta-\delta)} A_i^{-\alpha} \tag{4-7}$$

进一步化简，得到

$$1 + C_i/Q_i = \theta_i^{\frac{\gamma}{1-\alpha/\gamma}}\left(\frac{\alpha\delta}{a_i}\right)^{\frac{\alpha/\gamma}{1-\alpha/\gamma}}\left(\frac{Q_i}{N_i}\right)^{\frac{-\alpha\beta\gamma}{1-\alpha\delta\gamma}}\left(\frac{R_i}{Q_i}\right)^{\frac{\alpha(1-\beta-\delta)\gamma}{1-\alpha/\gamma}}\left(\frac{Q_i}{A_i}\right)^{\frac{\alpha\gamma-1}{1-\alpha/\gamma}} \tag{4-8}$$

式（4-8）两边同时取对数，则

$$\ln(1 + C_i/Q_i) = \frac{\gamma}{1-\alpha/\gamma}\ln\theta_i + \frac{\alpha/\gamma}{1-\alpha/\gamma}\ln\left(\frac{\alpha\delta}{a_i}\right) - \frac{\alpha\beta\gamma}{1-\alpha\delta\gamma}\ln\left(\frac{Q_i}{N_i}\right) +$$

$$\frac{\alpha(1-\beta-\delta)\gamma}{1-\alpha/\gamma}\ln\left(\frac{R_i}{Q_i}\right) + \frac{\alpha\gamma-1}{1-\alpha/\gamma}\ln\left(\frac{Q_i}{A_i}\right) \tag{4-9}$$

从式（4-9）的结果看，污染排放强度 C_i/Q_i 受到产业集聚程度 Q_i/A_i、劳动生产率 Q_i/N_i 和自然资本生产率 R_i/Q_i 等因素的共同影响，即产业集聚会对污染排放造成$(\alpha\gamma-1)/(1-\alpha/\gamma)$的作用力。

综上所述，自然资本的投入消耗是产业集聚发展的内生动力，有助于创造更多的产品利润。然而，污染排放则是随之而来的非期望产出，集聚造成的正负外部性使得生态环境受到复合影响。

4.2 产业集聚和生态环境的静态耦合关系

4.2.1 产业集聚和生态环境耦合关系的理论分析

在定量分析产业集聚和生态环境的耦合关系之前，我们首先从理论上对产业集聚和生态环境系统间的耦合关系进行简要的说明。如图 4-1 所示，产业集聚会伴随规模效应显现，会创造更多经济效益，同时技术和知识的溢出效应会改变集聚能力，故产业集聚系统由集聚规模、集聚效益和集聚能力来综合表征。参照环境质量评价模型——压力-状态-响应模型（PSR 模型），生态环境系统由环境状态、环境压力和环境响应综合表征。产业集聚会产生正负外部

性，从而影响到环境的资源要素配置、环境污染状况，改变人们的环保意识和政府的环境规制，而这些也会反作用于产业集聚的效果。因此，产业集聚系统和生态环境系统之间的耦合关系具有复杂性和互动性。

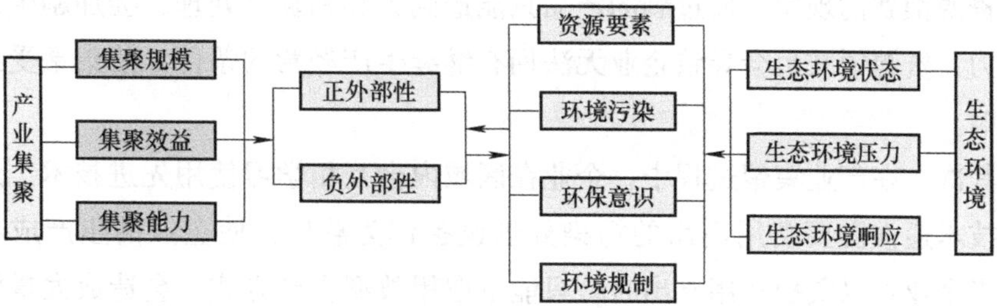

图 4-1　产业集聚和生态环境耦合关系

1. 正向集聚效应和生态环境的互动关系

产业集聚的正外部性有利于生态环境的改善，生态环境的稳定发展又为产业集聚提供了更多便利条件。

首先，产业集聚通过技术溢出效应显著促进科技创新水平的提高，技术进步驱动企业实现清洁生产，减少污染排放，降低生态环境压力；同时，为积极响应绿色制造的要求，企业会投入更多的创新要素，从而吸引外来企业进入集聚区共享技术效益，促进集聚发展。

其次，产业集聚在区域内高效利用各类资源，通过改变传统要素之间的配置关系，使各产业间的关联效应发挥作用，提高劳动生产率，促进资源合理配置，从而使得产业所需的资源要素能够持续为集聚发展提供动力。另外，产业集聚在区域内汇聚了各方技术型人才，加速了知识溢出效应的产生，不仅能为科技发展提供人力保障，也能够通过人与人之间的交流碰撞出新思想，提高人们自身的环保意识，激发人们采用集约化生产方式和绿色生活方式的意愿，从根源上预防生态环境破坏现象的产生，进而提高产业集聚的绿色经济效率，加速产业集聚的进程。

最后，产业集聚促进产业结构的优化升级，离不开国家的政策指导，在产业集聚的发展过程中，为避免环境污染问题的困扰，政府通过环境规制实施一系列保护环境的措施，促进产业经济和生态环境的协调可持续发展。

2. 负向集聚效应和生态环境的互动关系

产业集聚的负外部性会引发环境污染问题，打破生态环境平衡，从而抑制产业集聚的可持续发展。

首先，当产业集聚区域内的经济效益显著提高时，周边地区的企业受到空间溢出效应的影响，将加入到同质化产品的生产队伍中，这会造成产品过度生产、资源浪费的现象；而过剩的产品只能遭到丢弃和焚化处理，会加剧生态环境压力，资源锐减也会导致企业无法拥有继续生产经营的条件，使集聚受到负面影响。

其次，在产业集聚过程中，企业在区域内会互相学习使用先进技术，然而先进技术通常需要费用高昂的污染处理设备作为载体，使企业的生产成本增加，当企业难以负担费用支出时，只能采取粗放型生产方式，会造成大量污染物质排放，破坏生态环境的稳态，使自然条件缺失、生产经营受阻，抑制产业集聚的发展。

此外，区域内产业过度集聚会产生拥挤效应，企业为寻求更大的生存空间，环保意识将暂时被搁置，反而盲目追求短期经济效益，这样一方面影响生态环境的保护，另一方面影响企业的可持续发展，最终将导致集聚区吸引企业进入的能力下降。

最后，产业集聚程度的加强会使越来越多的企业加入竞争行列，造成竞争压力急剧增加甚至产生恶性竞争。此时，企业不得不采取减少环保措施、降低成本的手段来提高经济效益，最终导致生态承载力超出正常范围，迫使政府部门采取更严格的管控措施。当企业无法负担环境管制带来的处罚时，将向环境规制较低的其他地区转移，此时，集聚群体会趋于解散。

综上所述，产业集聚对生态环境既有正向作用，又有负向影响。与此同时，生态环境反作用于产业集聚效果，吸引更多企业进入集聚区域或迫使企业退出集聚群体，推力和拉力并存。因此，需要根据理论分析，建立产业集聚和生态环境各自的评价指标体系，进一步定量分析两者之间的耦合关系。

4.2.2 产业集聚和生态环境的评价指标

1. 产业集聚评价指标

产业集聚的测算和评价多以区位熵、空间基尼系数、赫芬达尔指数、DO指数等方法从单方面进行衡量，但为了更全面地评价产业集聚水平，我们借鉴了钱晓英等的研究方法，从产业集聚规模、产业集聚效益和产业集聚能力三方面构建了产业集聚指标评价体系。

1）产业集聚规模，主要由规模以上工业企业单位数、从业人员期末人数、工业增加值和流动资产合计来反映，企业数量、人员数量、产值和资产的增加能从侧面体现出产业集聚规模的扩大。

2）产业集聚效益，主要由利润总额和主营业务税金及附加来反映，这两个指标数值的增加表明产业在区域形成集聚后能获得更多的经济效益。

3）产业集聚能力，主要由研究与实验发展人员人数、有效发明专利数和研究与实验发展经费支出来反映，这三项指标数值的增加代表产业集聚产生技术溢出效应，吸引了更多企业加入到集聚区域内学习和共享新技术，投资额的增加有益于产业集聚的稳定和发展。综上所述，产业集聚指标评价体系共分为 3 个准则层 9 个指标层（见表 4-1）。

表 4-1　产业集聚指标评价体系

系统层	准则层	指标层	指标正负性	权重
产业集聚指标评价体系	产业集聚规模	规模以上工业企业单位数（个）	正向	0.0645
		从业人员期末人数（人）	正向	0.1116
		工业增加值（亿元）	正向	0.0717
		流动资产合计（万元）	正向	0.0768
	产业集聚效益	利润总额（亿元）	正向	0.0955
		主营业务税金及附加（万元）	正向	0.1113
	产业集聚能力	研究与实验发展人员（人）	正向	0.1551
		有效发明专利数（件）	正向	0.1489
		研究与实验发展经费支出（万元）	正向	0.1645

产业集聚指标评价体系中 9 个指标原始数据分别来自 2012—2019 年《中国统计年鉴》《中国工业统计年鉴》《贵州省统计年鉴》《中国城市统计年鉴》。

2. 生态环境评价指标

在评价生态环境时，已有研究成果多从压力-状态-响应模型（PSR 模型）着手建立指标体系，其中“压力”评价指标刻画人类经济活动对生态环境造成的影响，“状态”指标侧重刻画目前生态环境的客观状况，“响应”指标则刻画环境保护的投入力度和生态修复方面的治理力度，从而通过三类指标综合、有效、合理地评价生态环境状况。因此，我们沿用了 PSR 模型来构建生态环境指标评价体系，主要包括以下三个方面：

1）生态环境状态。生态环境状态主要由建成区绿化覆盖率、供水总量和人均公共绿地面积来反映，这三个指标数值的增加代表生态环境的改善。

2）生态环境压力。非期望产出的排放对生态环境造成了一定的负担，不仅消耗大量能源，产生的“三废”也会直接破坏生态环境状况，因此衡量生态环境压力的指标由工业用电总量、工业二氧化硫排放量、工业废水排放量和工业烟尘排放量组成，工业用电总量的增加会间接影响生态环境的良好承载力，而“三废”则是工业生产中的三类主要污染物，对生态环境存在不容忽视的负面影响。

3）生态环境响应。生态环境响应主要由生活垃圾无害化处理率、一般工业固体废物综合利用率和污水处理厂集中处理率来反映，这三种指标数值的增加说明环境污染治理力度得到提升。综上所述，生态环境指标评价体系共分为3个准则层10个指标层（见表4-2）。

表4-2　生态环境指标评价体系

系统层	准则层	指标层	指标正负性	权重
生态环境指标评价体系	生态环境状态	建成区绿化覆盖率（%）	正向	0.0516
		供水总量（亿立方米）	正向	0.2559
		人均公共绿地面积（平方米）	正向	0.2200
	生态环境压力	工业用电总量（万千瓦·时）	负向	0.0657
		工业二氧化硫排放量（吨）	负向	0.0696
		工业废水排放量（万吨）	负向	0.0679
		工业烟（尘）排放量（万吨）	负向	0.0604
	生态环境响应	生活垃圾无害化处理率（%）	正向	0.0506
		一般工业固体废物综合利用率（%）	正向	0.0984
		污水处理厂集中处理率（%）	正向	0.0598

生态环境集聚指标评价体系中原始数据分别来自2012—2019年《中国统计年鉴》《中国城市统计年鉴》《贵州省统计年鉴》《中国环境统计年鉴》。

因上述指标具有不同的单位和数量级，我们通过对原始数据取对数和标准化处理来消除不同指标因属性不同而带来的不良影响。标准化处理计算公式为

正向指标

$$x'_{ij}=\frac{x_{ij}-\min\{x_{1j},\cdots,x_{nj}\}}{\max\{x_{1j},\cdots,x_{nj}\}-\min\{x_{1j},\cdots,x_{nj}\}} \tag{4-10}$$

负向指标

$$x'_{ij}=\frac{\max\{x_{1j},\cdots,x_{nj}\}-x_{ij}}{\max\{x_{1j},\cdots,x_{nj}\}-\min\{x_{1j},\cdots,x_{nj}\}} \tag{4-11}$$

式中，$i(i=1,\cdots,n)$代表区域；$j(j=1,\cdots,m)$代表指标；x_{ij} 代表与区域 i 相应的指标 j 的数值；$\min\{x_{1j},\cdots,x_{nj}\}$ 和 $\max\{x_{1j},\cdots,x_{nj}\}$ 分别代表指标 x_{ij} 的最小和最大值；x'_{ij}为标准化后的值。正向指标的指标数值越大评价越好，负向指标的指标数值越小评价越好。

为了客观地探讨产业集聚系统和生态环境系统的复杂性，我们采用变异系数法确定各个指标的权重，具体是由数据的标准差与算术平均数之比来计算，详细步骤如下：

$$v_j=\frac{\sigma_j}{\mu_j} \tag{4-12}$$

$$\omega_j=\frac{v_j}{\sum_{j=1}^{n}v_j} \tag{4-13}$$

式中，v_j 是指标 j 的变异系数；σ_j 是标准差；μ_j 是算数平均数；ω_j 是第 j 个指标的权重系数。最终各个指标的权重系数结果见表 4-1 和表 4-2 中的“权重”一栏。

最后，我们对系统内各要素的作用大小采用加权的计算方法，从而结合多维度来综合评估产业集聚系统和生态环境系统的现状，建立的产业集聚系统和生态环境系统指标评价函数如下：

$$f(agg)_i \text{ 或 } g(ee)_i=\sum_{i=1}^{n}\sum_{j=1}^{m}x'_{ij}\cdot\omega_j \tag{4-14}$$

式中，$f(agg)_i$ 代表产业集聚系统指标评价结果，$g(ee)_i$ 代表生态环境系统指标评价结果。

4.2.3 耦合协调度的演化

耦合度描述了两个或多个系统自身与外部因素之间的相互影响。我们利用耦合度模型描述产业集聚和生态环境之间的作用关系，公式如下：

$$C_{it}=\left[\frac{2\sqrt{f(agg)_i\cdot g(ee)_i}}{f(agg)_i+g(ee)_i}\right]^{\alpha} \tag{4-15}$$

式中，C_{it} 表示区域 i 在第 t 年的耦合度，取值范围为 $0 \leqslant C_{it} \leqslant 1$，数值越大，耦合程度越高；$f(agg)_i$ 和 $g(ee)_i$ 分别代表区域 i 产业集聚和生态环境的综合发展水平。α 为调节系数，一般情况下 $2 \leqslant \alpha \leqslant 5$，经计算比较，此处取值 $\alpha = 2$ 能增加数据区分度。

然而，耦合度 C 更多地反映了两个系统之间的相似性，缺乏对整体发展水平和各要素协同效应的反映，因此我们进一步建立了产业集聚和生态环境的耦合协调度模型，如下所示：

$$T_{it} = \beta f(agg)_i + \gamma g(ee)_i \tag{4-16}$$

$$D_{it} = \sqrt{C_{it} T_{it}} \tag{4-17}$$

式中，D_{it} 表示区域 i 在第 t 年的耦合协调度；T_{it} 表示区域 i 在第 t 年的产业集聚和生态环境的综合协调指数；β 表示产业集聚发展水平权重；γ 表示生态环境发展水平权重，两个系统的贡献程度应该是相同的，因此取值 $\beta = \gamma = 0.5$。通过公式可得 $D_{it} \in [0,1]$，D_{it} 数值越大，说明产业集聚和生态环境相对发展的效率越高，耦合协调程度越大。

为了深入了解不同区域耦合协调度的特征差异，根据耦合协调度 D_{it} 的程度，产业集聚和生态环境的协调水平可分为六个等级，见表 4-3。

表 4-3　耦合协调等级划分

耦合协调水平	等　级	数值比较	类　型
$0.8 < D_{it} \leqslant 1$	高质协调（L1）	$f(agg) < g(ee)$	产业集聚发展滞后
		$f(agg) \approx g(ee)$	产业集聚和生态环境同步发展
		$f(agg) > g(ee)$	生态环境发展滞后
$0.6 < D_{it} \leqslant 0.8$	中度协调（L2）	$f(agg) < g(ee)$	产业集聚发展滞后
		$f(agg) \approx g(ee)$	产业集聚和生态环境同步发展
		$f(agg) > g(ee)$	生态环境发展滞后
$0.5 < D_{it} \leqslant 0.6$	初步协调（L3）	$f(agg) < g(ee)$	产业集聚发展滞后
		$f(agg) \approx g(ee)$	产业集聚和生态环境同步发展
		$f(agg) > g(ee)$	生态环境发展滞后
$0.4 < D_{it} \leqslant 0.5$	轻度失调（L4）	$f(agg) < g(ee)$	产业集聚发展滞后
		$f(agg) \approx g(ee)$	产业集聚和生态环境同步发展
		$f(agg) > g(ee)$	生态环境发展滞后

（续）

耦合协调水平	等　级	数值比较	类　型
$0.2<D_{it}\leqslant 0.4$	中度失调（L5）	$f(agg)<g(ee)$	产业集聚发展滞后
		$f(agg)\approx g(ee)$	产业集聚和生态环境同步发展
		$f(agg)>g(ee)$	生态环境发展滞后
$0<D_{it}\leqslant 0.2$	严重失调（L6）	$f(agg)<g(ee)$	产业集聚发展滞后
		$f(agg)\approx g(ee)$	产业集聚和生态环境同步发展
		$f(agg)>g(ee)$	生态环境发展滞后

利用耦合协调度模型，我们测算了 2011—2018 年我国产业集聚与生态环境的耦合协调度，对比展示全国、西部地区和贵州省耦合协调度的时序走势，如图 4-2 所示。在 2011—2018 年间，全国及西部地区的产业集聚和生态环境之间的耦合协调度呈波动下降，而贵州省的耦合协调度则呈震荡上升趋势。这表明，近年来，我国大部分地区在产业集聚过程中对生态环境的保护跟不上产业优化升级的脚步，虽然使用了更多的清洁生产技术，却仍不能完全抵消污染排放的强度，无法降低对生态环境的破坏程度；而贵州省因经济发展水平较为落后，在产业集聚初期可能更多地关注了经济效益的提高，未对生态环境实施保护措施，当产业集聚发展到一定时期，学习到更多先进技术和管理经验后，开始向产业和生态协调发展的方向转变。此外，在 2011 年时，西部地区的耦合协调度为 0.7597，略低于全国平均水平，贵州省的耦合协调度则低于全国及西部地区的平均水平；在 2015 年时，全国、西部地区及贵州省耦合协调度之间

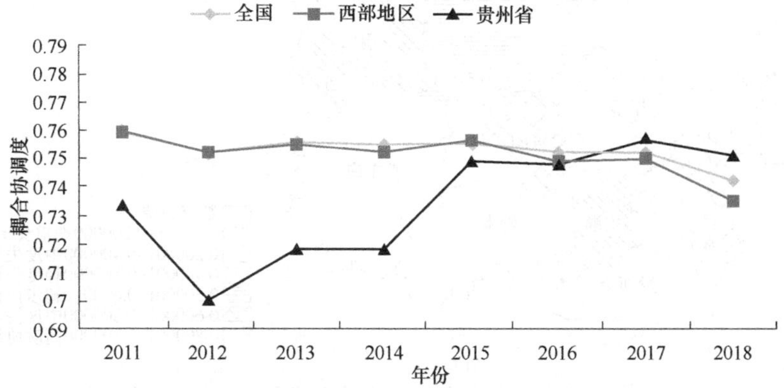

图 4-2　全国、西部地区及贵州省耦合协调度的时序走势

的差距有所减小，且西部地区的耦合协调水平以微弱优势超过全国平均水平；在2018年时，贵州省产业集聚和生态环境的耦合协调度超过了全国及西部地区的平均水平，且西部地区低于全国平均水平的差距增大。这些变化说明全国整体产业集聚和生态环境之间的同步协调发展受阻；西部地区在产业集聚过程中的绿色制造效率水平停滞不前，经济和环境的双重高质量发展水平有待提高；贵州省逐步摆脱落后的生产技术，通过学习东中部地区的经验，在产业集聚发展水平提高的同时保持了生态环境的良好优势。

进一步聚焦2011年、2015年和2018年贵州省各个地级市的耦合协调度，结果如图4-3所示。2011年，贵阳市的产业集聚和生态环境属于中度协调等级，遵义市只达到初步协调，六盘水市和毕节市有中度失调的现象，而安顺市和铜仁市处于严重失调等级；到2015年，遵义市的耦合协调度进一步提高，达到了中度协调等级，其余5个地级市的耦合协调水平变动幅度不大；截至2018年，贵阳市的产业集聚和生态环境已达到高质协调的等级，安顺市和铜仁市的耦合协调度明显改善，六盘水市的产业集聚和生态环境之间的耦合协调关系虽有提高，但尚未脱离失调等级，毕节市仍处于中度失调的等级。总体来看，贵州省各个地级市的耦合协调度在样本观测期内保持稳定或得到了提升，且地级市之间的差异在不断缩小，溢出效应和模仿效应使得产业集聚在发展的同时，也能够妥善解决生态环境问题，两者同步协调发展的水平越来越高；

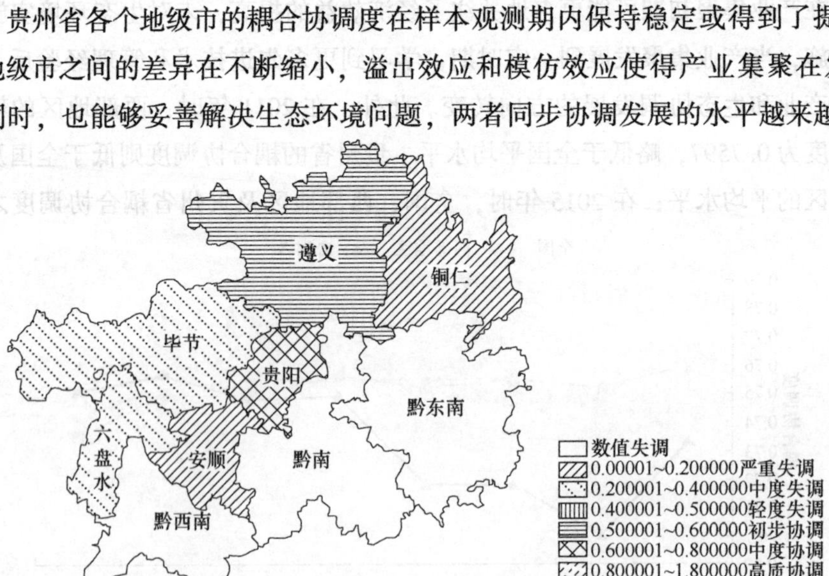

a)

图4-3　2011年、2015年和2018年贵州省各地级市耦合协调度

a）2011年

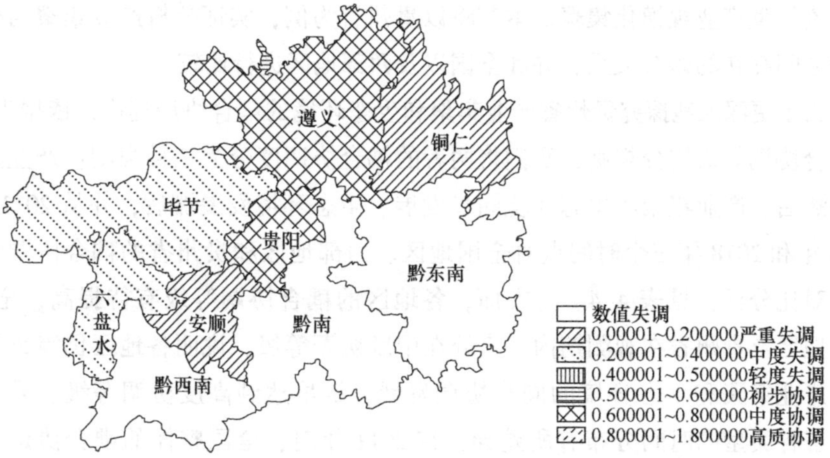

b)

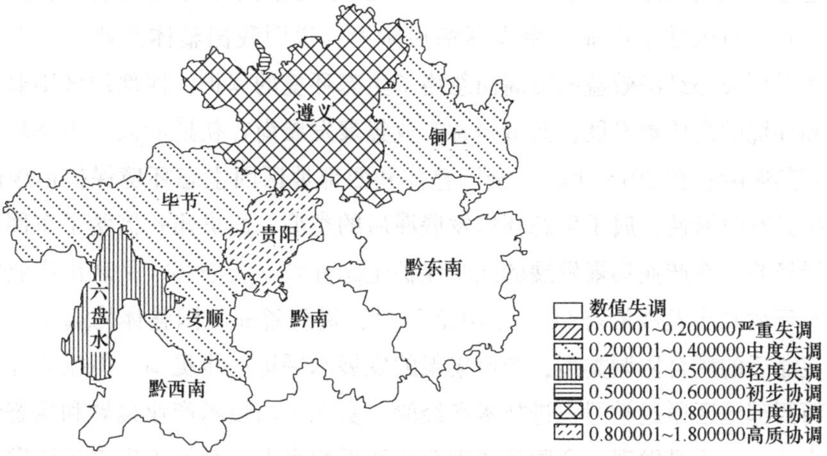

c)

图 4-3　2011 年、2015 年和 2018 年贵州省各地级市耦合协调度（续）

b）2015 年　c）2018 年

但只有贵阳市和遵义市的产业集聚和生态环境耦合关系达到协调等级，其余 4 个地级市的耦合水平尚处于失调等级。

4.2.4　耦合协调等级的演化

当前西南地区正处于经济结构高质量、可持续发展的攻坚期，生态环境与产业集聚协调发展将是西南地区规模经济高效良性可持续发展的必由之路。贵州省地处中国西南腹地，是著名的矿产资源大省，其特有的生态资源禀赋促成地方资源型产业规模化集聚。本节将以贵州省为例，实证分析产业集聚与生态环境之间存在的耦合关系，并和全国以及西部地区进行比较。

为了更深入地探究贵州省产业集聚和生态环境的耦合协调程度，依据表4-3的耦合协调等级划分规则，我们将两者的耦合协调度分为三种类型：产业集聚发展滞后、产业集聚和生态环境同步发展、生态环境发展滞后，并从2011年、2015年和2018年三个时间点对全国地区、西部地区和贵州省的耦合协调情况进行对比分析，见表4-4。一方面，各地区的耦合协调等级有待提高，全国、西部地区及贵州省在观测期内一直处在中度协调等级，说明各地区仍需重视高技术产业集聚和生态环境的同步协调发展，尽早达到高度协调等级。另一方面，三种类型的时间分布有所差异：在2011年时，全国整体的耦合协调类型属于生态环境发展滞后阶段，西部地区则处于产业集聚和生态环境同步发展阶段，而贵州省则处于产业集聚发展滞后阶段，说明我国整体产业经济发展迅猛，相对更关心经济效益的提高而忽略了生态环境的保护，西部地区则兼顾了经济和环境的高质量发展，而贵州省产业集聚发展尚在初期阶段，生态环境还未受到其影响；在2015年时，全国整体和西部地区因生态环境保护措施的实施结果具有时滞性，属于生态环境发展滞后的类型，而贵州省借鉴了东部地区的发展经验，在产业集聚发展的同时保护生态环境不受破坏，呈现出产业集聚和生态环境同步发展的态势；在2018年时，贵州省和全国整体均属于生态环境发展滞后的耦合协调类型，产业集聚的发展水平进一步提高，但生态环境受创，而西部地区通过学习先进技术和经验，实现了高技术产业集聚和生态环境的同步发展。不难发现，全国整体耦合协调平均水平一直处于生态环境发展滞后状态，西部地区则努力保持在经济和环境同步发展的水平，贵州省经历了产业集聚发展滞后、产业集聚和生态环境同步发展两种类型的耦合协调程度，最终转变为生态环境发展滞后类型。

表4-4 全国地区、西部地区及贵州省部分年份的耦合协调情况

年份	地区	耦合协调等级	产业集聚评价指数 $f(agg)$	生态环境评价指数 $g(ee)$	类型
2011	全国地区	中度协调（L2）	0.6482	0.5475	生态环境发展滞后
2015	全国地区	中度协调（L2）	0.6741	0.5198	生态环境发展滞后
2018	全国地区	中度协调（L2）	0.6428	0.5119	生态环境发展滞后

（续）

年份	地区	耦合协调等级	产业集聚评价指数 $f(agg)$	生态环境评价指数 $g(ee)$	类　型
2011	西部地区	中度协调（L2）	0.5947	0.5685	产业集聚和生态环境同步发展
2015	西部地区	中度协调（L2）	0.6133	0.5466	生态环境发展滞后
2018	西部地区	中度协调（L2）	0.5698	0.5236	产业集聚和生态环境同步发展
2011	贵州省	中度协调（L2）	0.5066	0.5741	产业集聚发展滞后
2015	贵州省	中度协调（L2）	0.5868	0.5379	产业集聚和生态环境同步发展
2018	贵州省	中度协调（L2）	0.6031	0.5298	生态环境发展滞后

我们进一步聚焦贵州省各地级市产业集聚和生态环境的耦合协调程度，并对2011年和2018年两个时间点的区域分布进行罗列，见表4-5。一方面，各地级市的耦合协调等级均有待提高，虽然贵阳市由中度协调转变为高质协调，遵义市由初步协调转变为中度协调，但其余4个地级市在观测期内一直处在不同程度的失调等级，这说明各地区仍需重视高技术产业集聚和生态环境的同步协调发展，以尽早达到高质协调等级。另一方面，三种类型的时间分布有所差异：在2011年时，6个地级市都属于产业集聚发展滞后类型，此时各地区产业集聚发展尚在初期或震荡阶段，生态环境还未受到其影响；在2018年时，贵阳市和遵义市呈现出生态环境滞后发展的态势，而六盘水市、安顺市、毕节市和铜仁市仍属于产业集聚发展滞后类型，这是由于此时贵阳市和遵义市产业经济发展迅猛，相对更关心经济效益的提高而忽略了生态环境的保护，而其余地级市则借鉴贵阳市和遵义市的发展经验，在产业集聚发展的同时保护生态环境不受破坏，使生态环境发展优势大于产业集聚发展优势。不难发现，六盘水市、安顺市、毕节市和铜仁市一直处于产业集聚发展滞后的阶段，而贵阳市和遵义市依次经历了产业集聚发展滞后、产业集聚和生态环境同步发展两种类型的耦合协调程度，最终转变为生态环境发展滞后类型，说明产业集聚发展水平相比较而言容易提高，而生态平衡却难以稳定保持。

表4-5　贵州省各地级市部分年份的耦合协调情况

年份	地区	耦合协调等级	产业集聚评价指数 $f(agg)$	生态环境评价指数 $g(ee)$	类　型
2011	贵阳市	中度协调（L2）	0.3974	0.5841	产业集聚发展滞后
2018	贵阳市	高质协调（L1）	0.9120	0.7706	生态环境发展滞后

（续）

年份	地区	耦合协调等级	产业集聚评价指数 $f(agg)$	生态环境评价指数 $g(ee)$	类　型
2011	六盘水市	中度失调（L5）	0.0800	0.2733	产业集聚发展滞后
2018	六盘水市	轻度失调（L4）	0.1974	0.4093	产业集聚发展滞后
2011	遵义市	初步协调（L3）	0.2226	0.4707	产业集聚发展滞后
2018	遵义市	中度协调（L2）	0.5505	0.4861	生态环境发展滞后
2011	安顺市	严重失调（L6）	0.0203	0.4189	产业集聚发展滞后
2018	安顺市	中度失调（L5）	0.1026	0.5348	产业集聚发展滞后
2011	毕节市	中度失调（L5）	0.0497	0.2794	产业集聚发展滞后
2018	毕节市	中度失调（L5）	0.1371	0.4289	产业集聚发展滞后
2011	铜仁市	严重失调（L6）	0.0085	0.3036	产业集聚发展滞后
2018	铜仁市	中度失调（L5）	0.0976	0.4436	产业集聚发展滞后

4.2.5 耦合协调关系的空间自相关分析

空间自相关分析可以有效地检测耦合协调度的空间格局特征，分为全局空间自相关和局部空间自相关。

1. 全局空间自相关

全局空间自相关模型主要采用 Moran's I 进行测量，通过计算相邻省份耦合协调度的相似度，判断空间模式。公式如下：

$$I = \frac{n}{S_o} \frac{\sum_{i=1}^{n}\sum_{j=1}^{n}\omega_{ij}z_i z_j}{\sum_{i=1}^{n} z_i^2} \tag{4-18}$$

式中，z_i，z_j 是地区 i，j 的耦合协调度与其平均值的偏差；ω_{ij} 是地区之间的空间权重；n 为地区总数；S_o 是所有空间权重的聚合。

为了进一步挖掘产业集聚和生态环境之间耦合协调度的空间集聚特征，我们首先利用 Moran's I 对全国样本进行全局空间自相关分析，结果见表 4-6。大部分年份的 Moran's I 均大于 0，表明我国产业集聚和生态环境之间的耦合协调度存在正向空间自相关特征，但这种特征只在 2011 年和 2016—2018 年间较为显著。Moran's I 在 2011—2018 年间整体呈波动增长的态势，表明耦合协调度的空间自相关特征不断增强，耦合协调度相似的地区在空间上并非随机或离散分布，而是趋于集中分布，即耦合协调水平高的地区其邻近区域耦合协调水平也相对较高，耦合协调水平低的地区其邻近区域耦合协调水平也相对较低。因此，贵州省的耦合协调水平也和周边省份的耦合协调水平相关。贵州省周边省份在产业集聚过程中促进技术创新并形成知识溢出效应，对污染排放产生负向作用，有利于生态环境的稳定发展，产业集聚和生态环境两者之间存在的协调关系带来经济效益和生态效益，吸引贵州省的企业学习和模仿。

表 4-6　产业集聚和生态环境之间耦合协调度的 Moran's *I*

年　份	2011	2012	2013	2014	2015	2016	2017	2018
Moran's *I*	0.08	-0.01	0.04	0.04	0.03	0.13	0.12	0.14
z 值	1.73	0.38	1.08	1.12	1.04	2.39	2.19	2.46
p 值	0.08	0.69	0.27	0.26	0.29	0.02	0.02	0.01

2. 局部空间自相关

耦合协调关系促进集聚效应的产生，高值聚集区被高耦合协调关系的地区包围，低值聚集区被低耦合协调关系的地区包围，且这种集聚趋势越来越显著。由于 Moran's *I* 只能反映样本整体的耦合协调关系在空间上的分布模式属于随机、集聚或分散中的某一种，若想进一步识别耦合协调关系聚类或分散的位置和程度还需进行局部空间自相关分析。

局部空间自相关模型主要采用 Getis-Ord G_i^* 指数进行测量，用于判断各省份耦合协调度的空间差异特征。局部空间自相关模型公式可表示为

$$G_i^* = \frac{\sum_{j=1}^{n} \omega_{i,j} x_j - \bar{X} \sum_{j=1}^{n} \omega_{i,j}}{S \sqrt{\frac{\left| n \sum_{j=1}^{n} \omega_{i,j}^2 - \left(\sum_{j=1}^{n} \omega_{i,j} \right)^2 \right|}{n-1}}} \tag{4-19}$$

式中，x_j 是贵州省地级市 j 的耦合协调度；$\omega_{i,j}$ 是贵州省地级市 i、j 之间的空间权重；n 为贵州省地级市的总数。

基于 Arcgis 软件中的自动分类，耦合协调度的 Getis-Ord G_i^* 指数值被分为七类，如图 4-4 所示。在 2011—2018 年间，贵州省耦合协调度的热点区域和冷点区域逐渐呈现出中心“热”四周“不显著”的空间演变规律。2011 年时，

图 4-4 贵州省产业集聚和生态环境耦合协调度的热点区域演化

贵州省各个地级市耦合协调度的冷热区并不显著；2015 年和 2018 年时，贵阳市加入到热区行列中，但其他地级市的结果仍然不显著。

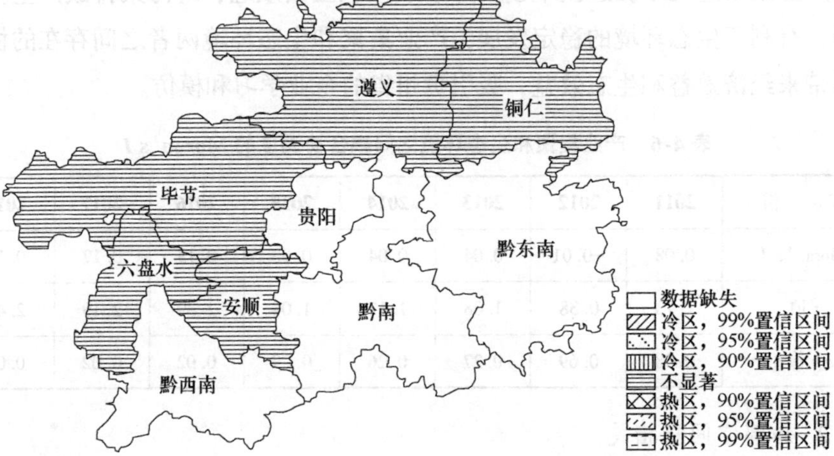

a)

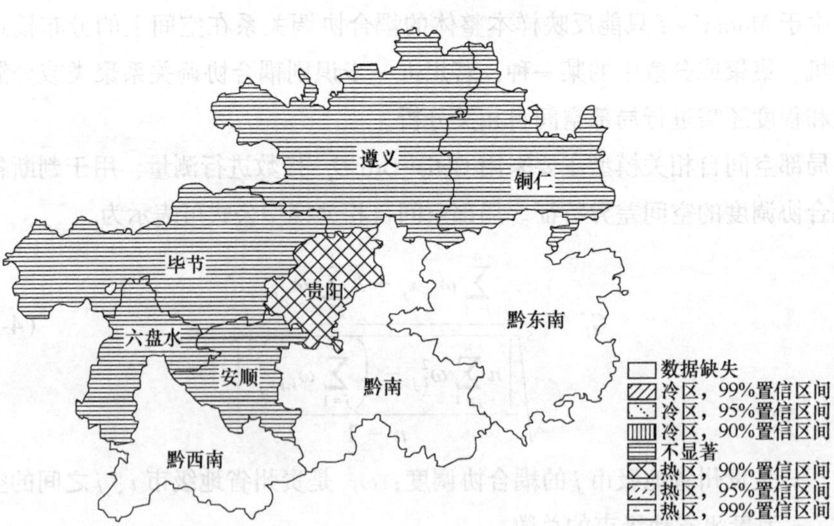

b)

图 4-4 贵州省产业集聚和生态环境耦合协调度的热点区域演化

a）2011 年 b）2015 年

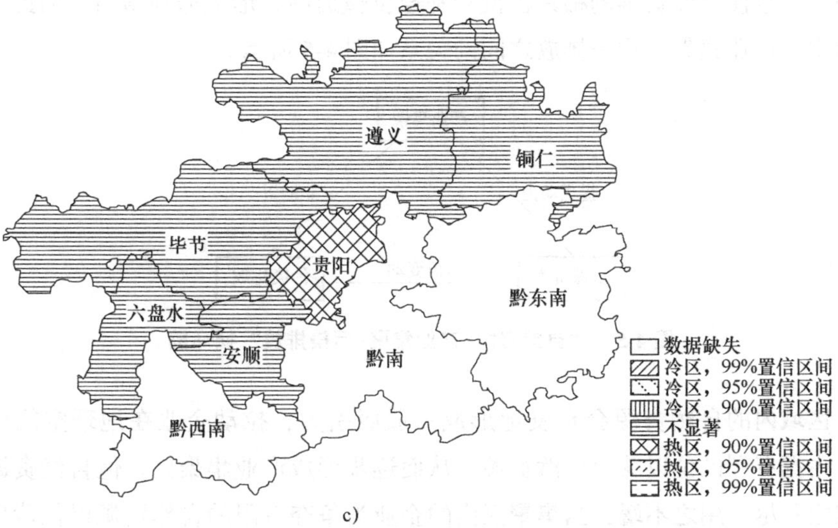

图 4-4　贵州省产业集聚和生态环境耦合协调度的热点区域演化（续）

c）2018 年

贵州省产业集聚和生态环境耦合协调度的局部热点逐渐显著，在 2015 年形成了以贵阳市为中心的热区，正是由于中心城市具备更多的经济和技术优势，率先加入热区行列，可以进一步带动周围地区发展，为其他地级市提供学习借鉴的经验。截至 2018 年，除贵阳市外，贵州省的其他地级市尚未加入到热区行列，但根据产业集聚和生态环境的耦合协调关系的空间自相关特征，随着时间的推移，贵州省其他地级市的耦合协调度在中心城市的带动下会朝着集聚区靠近。

4.3　产业集聚和生态环境的动态耦合关系

4.3.1　“自然资本-产业集聚-污染排放”循环链

当我们从动态角度出发，聚焦在产业集聚影响下生态环境中的自然资本和污染排放两者之间的转换时，需要将自然资源资本化来看待产业集聚与生态环境的关系，即，将生态环境中资源要素内生到市场机制中，使其具有市场定价并能够在市场中进行交易。自然资本是推动产业集聚发展的动力，能够创造新的社会财富；同时产业集聚带来的污染排放会造成自然资源的消耗和生态平衡的破坏，致使自然资本的稀缺价值和补偿价值提高，形成循环增值。因此，自然资本、产业集聚和污染排放之间的关系如图4-5所示。

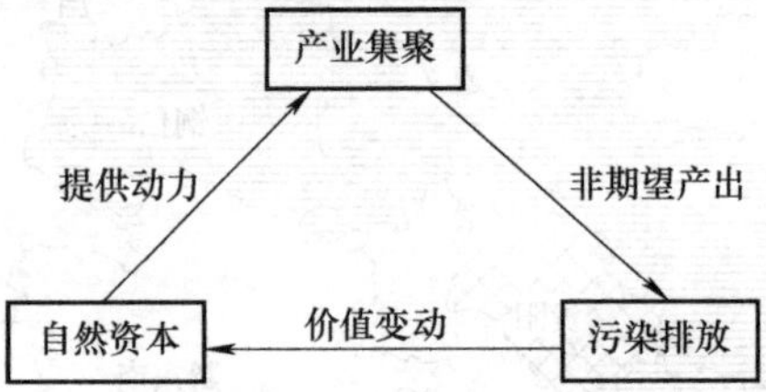

图4-5 “自然资本-产业集聚-污染排放”循环链

区域内的自然资源会自发地形成一股吸引力，拉动企业在地理空间中集聚，占据有利区位以获取自然资源，从而逐步形成产业集聚区。但自然资源并非取之不尽，用之不竭，当集聚区内的企业为争夺有限的自然资源以保障生产活动顺利进行时，会将自然资源直接利用或者通过交易来获得资金，这就实现了自然资源到自然资产的转变，增加了资本性收入和经营收入，最终转化为自然资本，推动产业集聚发展。

生产产品是一个消耗劳动力、人造资本和自然资本，通过技术辅助支撑将投入转换为产出的过程，但这个过程在得到期望产出的同时也会得到污染排放等非期望产出。

污染排放迫使企业或政府加大环境治理成本，同时生态失衡需要投入更多补偿机制使生态环境系统恢复正常运行。此外，自然资源的再生能力无法与开采力度相匹配，稀缺性越发显著，最终将导致自然资本的价值总和发生变动。

综上所述，自然资本的投入消耗是产业集聚发展的内生动力，有助于创造更多的产品利润，而污染排放则是随之而来的非期望产出，将导致自然资本的价值发生变动。将自然资源资本化后可以看出，自然资本、产业集聚和污染排放之间环环相扣，形成因果循环关系，因此，我们认为产业集聚和生态环境之间的关系难以通过单向线性的因果机制厘清，需要在动态作用中探索两者的耦合关系。

4.3.2 计量模型的构建

当从自然资源资本化视角看待产业集聚和生态环境之间的耦合关系时，自然资本、产业集聚和污染排放之间不是单向因果关系，而是存在相互作用关系，因此可以利用向量自回归（vector autoregression，VAR）方法来考察多变量之间的动态互动关系。根据理论模型推导结果可知，自然资本影响产业集聚的产出，而产业集聚又将污染物质排放到环境中，破坏生态平衡，导致自然资本价值变动。因此，将自然资本（n）、产业集聚（agg）和污染排放（ep）三个时间序列变量分别放入三个回归方程中充当被解释变量，而自然资本、产业集聚和环境污染三个变量的 p 阶滞后值充当解释变量，构成一个三元 VAR 模型

$$\begin{pmatrix} n_t \\ agg_t \\ ep_t \end{pmatrix} = \boldsymbol{a}_0 + \boldsymbol{A}_1 \begin{pmatrix} n_{t-1} \\ agg_{t-1} \\ ep_{t-1} \end{pmatrix} + \boldsymbol{A}_2 \begin{pmatrix} n_{t-2} \\ agg_{t-2} \\ ep_{t-2} \end{pmatrix} + \cdots + \boldsymbol{A}_p \begin{pmatrix} n_{t-p} \\ agg_{t-p} \\ ep_{t-p} \end{pmatrix} + \begin{pmatrix} \varepsilon_{1,t} \\ \varepsilon_{2,t} \\ \varepsilon_{3,t} \end{pmatrix} \tag{4-20}$$

式中，n 表示自然资本；agg 表示产业集聚；ep 表示污染排放；t 表示年份，p 表示滞后阶数；$\boldsymbol{a}_0$ 表示截距项向量；$\boldsymbol{A}_1, \boldsymbol{A}_2, \cdots, \boldsymbol{A}_p$ 表示变量滞后阶数的 3×3 系数矩阵；ε 表示扰动项。

（1）自然资本（n）

随着生态经济由外生经济演化到内生经济，学者们相对人造资本提出了自然资本的概念，即，将自然资源资本化，并认为自然资本是经济发展的动力。从自然资源资本化视角出发，我们将生态环境中的自然资本提取出来作为一个变量，根据已有研究成果中自然资本的计算公式可知，自然资本由存在价值、劳动价值、稀缺价值和补偿价值构成，因前两种价值已经通过市场运行作用到产品价值中，此处我们仅从稀缺价值和补偿价值两方面来衡量自然资本。自然资本是经济增长的稀缺要素，由于自然资源并非取之不尽，用之不竭，产业集聚促使区域内生产规模扩大，对自然资源的需求量日渐增多，势必会引起资源价格上涨，推动资源价值增加，此时自然资源就具备了稀缺价值。因此，自然资本的稀缺价值可以通过资源的供给关系反映出来，我们选取终端能源消费量和一次能源生产量的比值来表示自然资本的稀缺价值。产业集聚的负外部性造成生态环境破坏，污染物质的持续排放导致生态系统功能紊乱，需要投入人力、物力和财力去补偿调节生态环境的平衡，自然资源受到环保措施的保护，则具备了补偿价值。因此，自然资本的补偿价值可以通过人为的环保投入反映出来，我们选取环保资金投入占国内生产总值的比重来表示自然资本的补偿价值。通过数据标准化，并利用变异系数法对自然资本的两个衡量维度赋权，得

到最终的自然资本价值，计算公式为

$$n_t = n_t^1 + n_t^2 = \theta_1 \frac{q_{d,t}}{q_{s,t}} + \theta_2 \frac{es_t}{\text{gdp}_t} \tag{4-21}$$

式中，t 表示年份；n 表示自然资本；n^1 表示稀缺价值；n^2 表示补偿价值；θ_1 和 θ_2 分别表示稀缺价值的权重和补偿价值的权重；q_d 表示能源需求量；q_s 表示能源供给量；es 表示投入的环保资金；gdp 表示贵州省国内生产总值。

（2）产业集聚（agg）

区位熵能够有效反映区域内产业的专业化集聚程度，因此，我们利用区位熵测算贵州省的产业集聚水平，其计算公式为

$$agg_t = \frac{ia_t/\text{gdp}_t}{IA_t/\text{GDP}_t} \tag{4-22}$$

式中，t 表示年份；ia 表示贵州省产业的年增加值；gdp 表示贵州省国内生产总值；IA 表示全国工业的增加值；GDP 表示全国国内生产总值。

（3）污染排放（ep）

工业生产中难免会产生废弃物质，造成环境污染，借鉴相关研究中的方法，我们从工业废水排放量、工业废气中二氧化硫排放量、工业废气中烟粉尘排放量和工业固体废物产生量四个方面来综合衡量污染排放。通过数据标准化，并利用变异系数法对各个维度进行赋权，最终得到贵州省污染排放值的计算公式为

$$ep_t = \mu_1 \text{water}_t + \mu_2 \text{SO}_{2_t} + \mu_3 \text{dust}_t + \mu_4 \text{solid}_t \tag{4-23}$$

式中，t 表示年份；water 表示工业废水排放总量；SO_2 表示工业废气中二氧化硫排放总量；dust 表示工业废气中烟粉尘排放总量；solid 表示工业固体废物产生量；μ_1，μ_2，μ_3，μ_4 分别表示各个维度的权重。

4.3.3 数据收集与处理

研究样本为 2000—2018 年间贵州省相关时序数据，主要来源于各年度的《贵州统计年鉴》和《中国统计年鉴》，其中个别缺失数据采用插值法进行补充，核心变量的描述性统计见表 4-7。

在建立自然资本、产业集聚和污染排放的三元 VAR 模型前，需对各变量进行单位根检验，以验证数据的平稳性，避免产生伪回归问题。我们利用 ADF 检验

进行单位根检验，得到结果见表 4-8。自然资本原序列的 ADF 值在 1%水平下显著，通过了平稳性检验；而产业集聚和污染排放原序列无法拒绝存在单位根的假设，表明数据不平稳。经过一阶差分再次检验后，两个变量的 ADF 值都在 1%水平下拒绝了单位根的原假设，Δ*agg* 和 Δ*ep* 为平稳过程，且为一阶单整序列。

表 4-7　核心变量描述性统计

变　量	符　号	平 均 值	标 准 差	最 小 值	最 大 值
自然资本	*n*	0.4170	0.1835	0.0770	0.8308
产业集聚	*agg*	0.8021	0.0968	0.6791	1.0257
污染排放	*ep*	0.5422	0.1574	0.2621	0.7863

表 4-8　ADF 检验结果

变量	检验形式	ADF 值	1%临界值	5%临界值	10%临界值	*p* 值	平稳性
n	(*c*, *t*, 0)	−5.578	−4.380	−3.600	−3.240	0.000	平稳
agg	(*c*, *t*, 0)	−2.508	−4.380	−3.600	−3.240	0.324	不平稳
Δ*agg*	(*c*, 0, 1)	−3.801	−3.750	−3.000	−2.630	0.003	平稳
ep	(*c*, *t*, 0)	−2.505	−4.380	−3.600	−3.240	0.326	不平稳
Δ*ep*	(*c*, 0, 1)	−4.499	−3.750	−3.000	−2.630	0.000	平稳

1. 滞后阶数的选择

在建立 VAR 模型时需根据信息准则确定模型的滞后阶数，检验结果见表 4-9。当滞后阶数为一阶时，SBIC 统计量表现出显著性；当滞后阶数为三阶时，LR、FPE、AIC 和 HQIC 统计量都表现出显著性，因此选择滞后三阶建立自然资本、产业集聚和污染排放的 VAR 模型会更优。

表 4-9　VAR 模型滞后阶数检验

lag	LL	LR	FPE	AIC	HQIC	SBIC
0	40.135	—	0.0000019	−4.642	−4.634	−4.497
1	66.572	52.874	0.00000023	−6.822	−6.792	−6.242*
2	76.452	19.759	0.00000024	−6.931	−6.880	−5.917
3	90.468	28.033*	0.0000002*	−7.559*	−7.484*	−6.110
4	95.478	10.021	0.0000012	−7.060	−6.963	−5.177

注：* 表示不同准则下的最优滞后阶数。

选择滞后阶数为三阶，对 VAR 模型进行估计，得到自然资本、产业集聚和污染排放的 VAR 模型系数矩阵，结果如下：

$$\begin{pmatrix} n \\ agg \\ ep \end{pmatrix} = \begin{pmatrix} -0.4988 \\ 0.2908 \\ -0.8605 \end{pmatrix} + \begin{pmatrix} 0.5820 & 0.4427 & -0.2002 \\ -0.0942 & 0.3630 & -0.2469 \\ 0.1053 & -0.2163 & 0.3365 \end{pmatrix} \times \begin{pmatrix} n_{t-1} \\ agg_{t-1} \\ ep_{t-1} \end{pmatrix} +$$

$$\begin{pmatrix} 0.2852 & 0.1383 & 0.5592 \\ 0.1006 & 0.2511 & -0.1174 \\ 0.4194 & 1.5208 & -0.3839 \end{pmatrix} \times \begin{bmatrix} n_{t-2} \\ agg_{t-2} \\ ep_{t-2} \end{bmatrix} +$$

$$\begin{bmatrix} -0.5744 & -0.0257 & 0.2885 \\ 0.1072 & 0.2699 & -0.0736 \\ 0.0123 & -0.1739 & 0.5291 \end{bmatrix} \times \begin{bmatrix} n_{t-3} \\ agg_{t-3} \\ ep_{t-3} \end{bmatrix} + \begin{bmatrix} \varepsilon_{1,t} \\ \varepsilon_{2,t} \\ \varepsilon_{3,t} \end{bmatrix} \tag{4-24}$$

2. 模型平稳性检验

为了说明 VAR 模型的估计结果准确，需要运用特征根对模型的平稳性进行检验。当特征根全部落在单位圆内，则表明建立的 VAR 模型科学稳定，若有特征根落在单位圆之外，则表明所建立的 VAR 模型不具备稳定性。检验结果如图 4-6 所示，所有特征根皆位于单位圆之内，说明自然资本、产业集聚和污染排放的 VAR 模型是平稳的，可以进行后续分析。

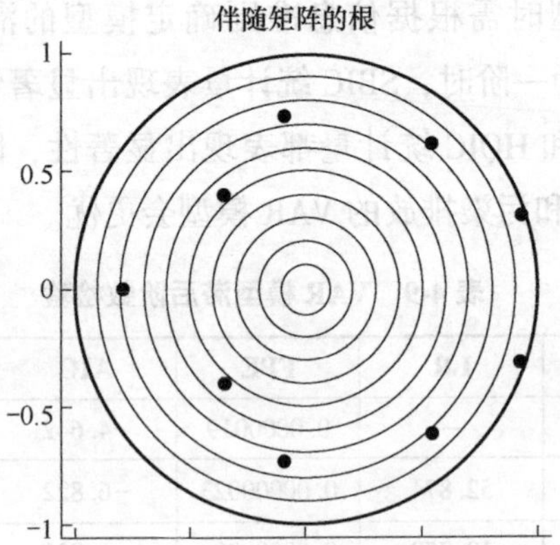

图 4-6　VAR 模型平稳性检验

3. 格兰杰因果检验

我们运用格兰杰因果检验来考察自然资本、产业集聚和污染排放三个变量之间的格兰杰因果关系，检验结果见表 4-10。在以自然资本为被解释变量的方程中，检验产业集聚的联合显著性，p 值为 0.006，表明产业集聚是自然资本的格兰杰原因，同样，污染排放也是自然资本的格兰杰原因；在以产业集聚为被解释变量的方程中，自然资本的联合显著性未通过检验，表明自然资本不是产业集聚的格兰杰原因，而污染排放是产业集聚的格兰杰原因；在以污染排放为被解释变量的方程中，自然资本和产业集聚都是污染排放的格兰杰原因。因此，可以初步认为自然资本、产业集聚和污染排放之间存在双向因果关系。

表 4-10　格兰杰因果检验

原　假　设	p 值	检验结果
产业集聚不是自然资本的格兰杰原因	0.006	拒绝
污染排放不是自然资本的格兰杰原因	0.000	拒绝
产业集聚和污染排放都不是自然资本的格兰杰原因	0.000	拒绝
自然资本不是产业集聚的格兰杰原因	0.425	接受
污染排放不是产业集聚的格兰杰原因	0.015	拒绝
自然资本和污染排放都不是产业集聚的格兰杰原因	0.012	拒绝
自然资本不是污染排放的格兰杰原因	0.100	拒绝
产业集聚不是污染排放的格兰杰原因	0.005	拒绝
自然资本和产业集聚都不是污染排放的格兰杰原因	0.003	拒绝

4.3.4　脉冲响应分析

在以上检验结果的基础上，我们发现 VAR 模型中变量的回归系数太多，以致无法解释数值含义并判断出变量之间的影响作用，因此进一步利用脉冲响应函数来反映自然资本、产业集聚和污染排放之间的互动关系。图 4-7、图 4-8 和图 4-9 分别显示了各变量脉冲响应函数值的变动趋势，图中纵轴数值表示响应程度的大小，横轴表示响应时间，实线表示响应变量的动态变化，阴影部分为波动区间，响应的时间设定为 10 年。

图 4-7 描绘了自然资本和产业集聚之间的互动关系。当自然资本对产业集聚施加一个单位标准差冲击后，产业集聚在当期的脉冲响应值为正，而在第 1 期便

图 4-7 自然资本和产业集聚的互动关系

转变为负，随后一直位于负向波动且慢慢趋于平缓；这说明自然资本的投入在当期会促使产业集聚正向发展，但长远来看不利于产业集聚。当产业集聚对自然资本施加相同冲击后，自然资本在当期的脉冲响应值为 0，在第 1 期和第 2 期逐渐上升，在第 3 期下降，而在第 4 期和第 5 期反向上升，随后一直下降，在第 10 期转变为负，总体呈现出“M”形变动趋势；这说明产业集聚在短期内会提高自然资本的价值，但长期则会产生相反作用。因此在产业集聚过程中应注意自然资本的消耗，要以发展的眼光看待自然资源和产业集聚之间的关系。

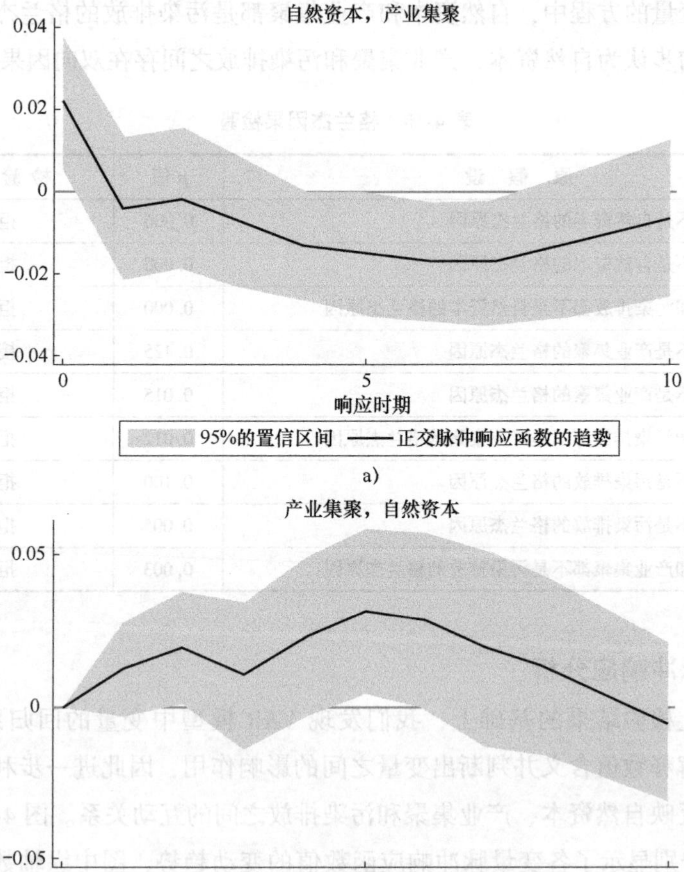

图 4-7 自然资本和产业集聚的互动关系

a）自然资本对产业集聚的冲击　b）产业集聚对自然资本的冲击

图 4-8 描绘了产业集聚和污染排放之间的互动关系。当产业集聚对污染排放施加一个单位标准差冲击后，污染排放在当期的脉冲响应值为正，在第 1 期则会表现出负值，在第 2 期反弹为正，在第 3 期和第 4 期呈下降趋势，在第 5 期和第 6 期上升，而后一直下降，至第 10 期会再次出现负值；总体来看，污染排放在产业集聚的作用下呈现“倒 N”形变动趋势。当污染排放对产业集聚施加相同冲击后，产业集聚在当期的脉冲响应值为 0，随后下降为负，在第 2

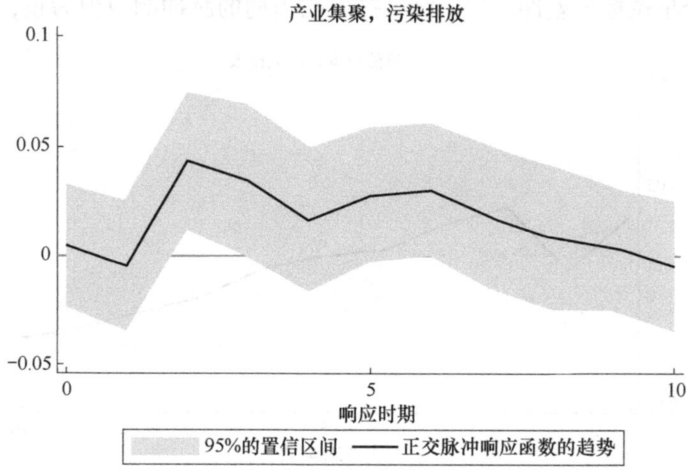

a)

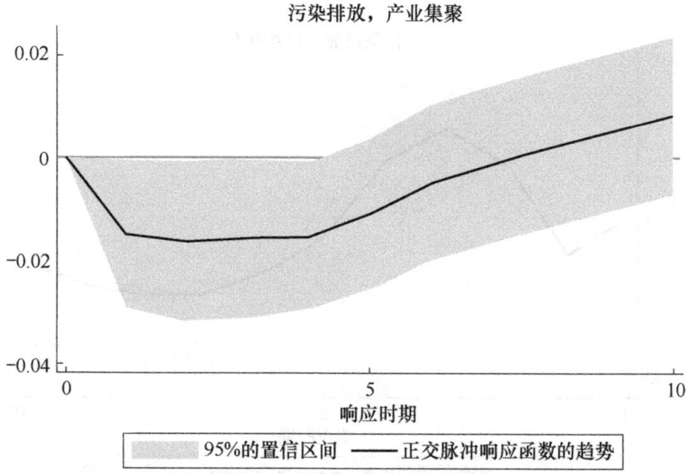

b)

图 4-8　产业集聚和污染排放的互动关系

a）产业集聚对污染排放的冲击　b）污染排放对产业集聚的冲击

期触底，逐渐上升至第 8 期转向为正；总体来看，产业集聚在污染排放的作用下呈现“U”形变动趋势。因此，产业集聚和污染排放之间存在复杂动态的相互作用，短期内产业集聚加剧污染排放，污染排放抑制产业集聚，但长期而言，产业集聚的技术溢出和知识溢出效应，使得清洁生产不断深化加强，会降低污染排放强度。

图 4-9 描绘了自然资本和污染排放之间的互动关系。当自然资本对污染排放施加一个单位标准差冲击后，污染排放在当期的脉冲响应值为正，在第 1 期

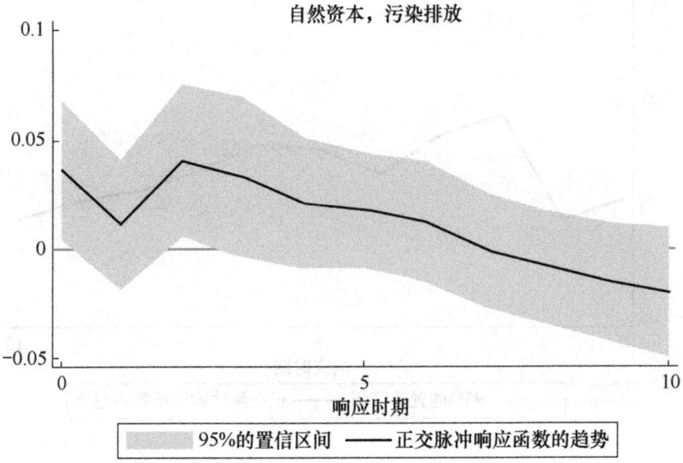

a)

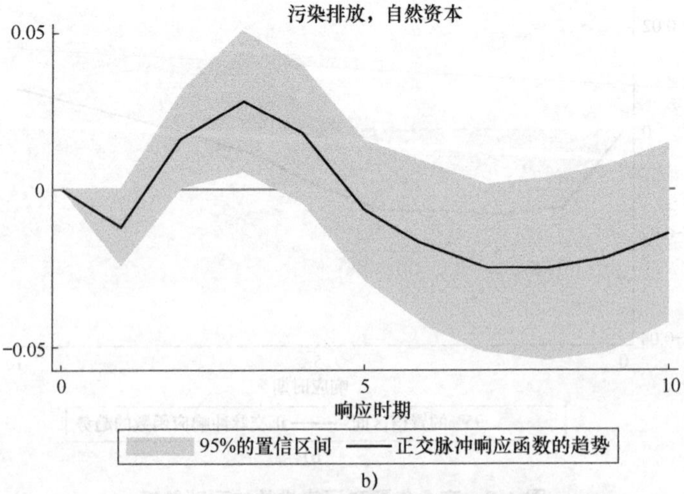

b)

图 4-9　自然资本和污染排放的互动关系

a）自然资本对污染排放的冲击　b）污染排放对自然资本的冲击

有所降低后，在第 2 期增加，随后一直下降，至第 7 期转为负；总体而言，污染排放在自然资本的作用下呈现“倒 U”形变化趋势。当污染排放对自然资本施加相同冲击后，自然资本在当期的脉冲响应值为 0，在第 1 期表现出负值，在第 2 期转为正，在第 3 期和第 4 期持续上升，又在第 5 期转为负，随后一直下降；总体而言，自然资本在污染排放的作用下呈现“倒 N”形变化趋势。这说明自然资本的消耗在短期内加剧了污染排放，而污染排放增加了自然资本的价值；自然资源在转换成工业产品时，由于技术效率不够理想会产生废弃物质，破坏生态环境，而资源的稀缺性提高，环保投入力度加大，又促使自然资本增加。长远来看，环境水平持续下降迫使产业从粗放型生产转型为绿色生产，而资源存量的下跌和对资源的依赖性降低导致自然资本减少。

4.3.5　方差分解结果分析

通过对各个变量的预测误差进行方差分解，能够判断出每个变量所受自身和其他变量影响的差异之处，结果见表 4-11。

表 4-11　三变量方差分解结果

期	自然资本（*n*）的方差分解			产业集聚（*agg*）的方差分解			污染排放（*ep*）的方差分解		
	n	*agg*	*ep*	*n*	*agg*	*ep*	*n*	*agg*	*ep*
0	0	0	0	0	0	0	0	0	0
1	1	0	0	0.3333	0.6667	0	0.2647	0.0038	0.7314
2	0.8341	0.0879	0.0780	0.2788	0.5965	0.1248	0.2597	0.0084	0.7320
3	0.7735	0.1310	0.0955	0.2297	0.5447	0.2256	0.3315	0.2044	0.4641
4	0.6584	0.1214	0.2202	0.2242	0.4808	0.2950	0.3602	0.2651	0.3747
5	0.6102	0.1719	0.2179	0.2513	0.4166	0.3321	0.3744	0.2702	0.3554
6	0.5424	0.2684	0.1892	0.2903	0.3820	0.3278	0.3665	0.3028	0.3307
7	0.4892	0.3157	0.1950	0.3295	0.3778	0.2925	0.3434	0.3347	0.3219
8	0.4431	0.3217	0.2352	0.3559	0.3893	0.2549	0.3305	0.3407	0.3288
9	0.4110	0.3140	0.2750	0.3636	0.4057	0.2307	0.3247	0.3340	0.3413
10	0.4008	0.2992	0.2999	0.3591	0.4227	0.2182	0.3232	0.3183	0.3584

对自然资本（*n*）进行向前 1 年的预测，其预测方差完全来自自身，随着时间的推移，受到自身影响越来越小，受到产业集聚和污染排放的影响逐渐显

现。当对其进行向前 10 年的预测时，自然资本有 40.08%的预测方差仍来自自身，有 29.92%的预测方差来自产业集聚，而有 29.99%的预测方差来自污染排放，即自然资本受到自身的影响相较更大，受到产业集聚和污染排放的影响相近。

对产业集聚（*agg*）进行向前 1 年的预测，33.33%的预测方差来自自然资本，66.67%的预测方差来自自身，而此时污染排放对产业集聚暂时未表现出影响。经过期数的递进，到第 10 期时，仍有 35.91%的预测方差来自自然资本，产业集聚本身的预测方差减小到 42.27%，此时有 21.82%的预测方差来自污染排放，即产业集聚受到自然资本的作用大小变动不大，受到自身影响大约是受到污染排放影响的 2 倍。

对污染排放（*ep*）进行向前 1 年的预测，其预测方差的 73.14%来自自身，有 26.47%来自自然资本，只有极少部分来自产业集聚。但随着时间的增加，当向前预测 10 年时，污染排放受到自身和其余两个变量的影响相差不大，分别为 35.84%、32.32%和 31.83%。这说明污染排放一开始受到自身极大的影响，而自然资本和产业集聚对污染排放的影响在大体上逐期增多，最后三者对污染排放的影响不相上下。

4.4 产业集聚与生态环境耦合的主要因果关系及反馈回路

从前文理论分析和实证结果可知，产业集聚和生态环境两个系统间的耦合关系错综复杂，各系统内要素的作用关系会形成多条反馈回路，影响系统整体的演化与发展。借助系统动力学的因果回路和逻辑链接对多因素相互作用的反馈协同过程进行分析，在充分考虑专家经验和系统要素之间因果逻辑的基础上，我们构建了产业集聚和生态环境耦合演化过程的因果关系模型，以揭示耦合关系演化的主要因果关系，这一因果关系中包含反馈回路如图 4-10 所示。

① 产业集聚→+产业结构优化→+要素配置→+环境资源→+产业集聚，正反馈。

② 产业集聚→+产业结构优化→-污染排放→+环境规制→+环境资源→+产业集聚，正反馈。

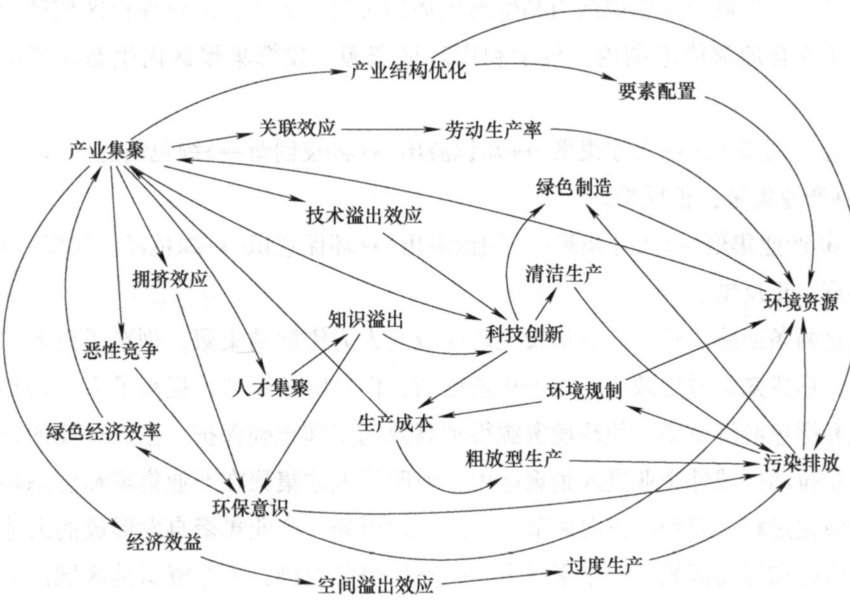

图 4-10 产业集聚和生态环境耦合的主要因果关系与反馈回路

这两条回路反映了产业集聚通过优化产业结构，提高了要素配置的效率，降低了污染排放的强度，从而加强了对环境资源的高效利用和正确保护，进一步促进产业集聚水平的提高；说明了产业结构优化在产业集聚和生态环境耦合演化过程中起到的正向调节作用。由此可知，产业结构的调整是维持和提高区域产业集聚活力和生态优势的关键。因此，产业集聚自发形成的产业结构优化可以看作是产业集聚和生态环境耦合系统有序演化的表征。

③ 产业集聚→+技术溢出效应→+科技创新→+清洁生产→-污染排放→+绿色制造→+环境资源→+产业集聚，正反馈。

④ 产业集聚→+关联效应→+劳动生产率→+环境资源→+产业集聚，正反馈。

这两条回路反映了产业集聚发挥自身的技术溢出效应和关联效应，促进科技创新并提高劳动生产率，引导企业进行清洁生产，有效降低了污染排放量，从而高效利用环境资源，保护生态环境，进一步吸引企业进入集聚区内，增强产业集聚能力；说明了产业集聚的正外部性效应在产业集聚和生态环境耦合演化过程中起到的正向调节作用。由此可知，利用好产业集聚的正外部性效应是维持和提高区域产业集聚活力和生态优势的关键。因此，应该保持区域产业集聚水平在合理阈值范围内，科学利用环境资源，发挥集聚区内生态环境的吸引力。

⑤ 产业集聚→+人才集聚→+知识溢出→+科技创新→+绿色制造→+环境资源→+产业集聚，正反馈。

⑥ 产业集聚→+人才集聚→+知识溢出→+环保意识→+绿色经济效率→+产业集聚，正反馈。

这两条回路反映了产业集聚拉动区域内人力资源的集聚，创造了更多知识产出，形成知识溢出效应，促进科技创新，倡导绿色制造，提高了人员的环保意识和绿色经济效率，使环境资源得到高效利用和正确保护，生态环境的改善进一步拉动区域外企业进入集聚区内；说明了人才集聚在产业集聚和生态环境耦合演化过程中起到的正向调节作用。由此可知，产业集聚自发形成的人才集聚是维持和提高区域产业集聚活力和生态优势的关键，人才资源是区域产业集聚高质量发展的核心。因此，应该利用好产业集聚带来的生态保护与人才增长，推动区域经济和环境的协调可持续发展。

⑦ 产业集聚→+经济效益→+空间溢出效应→+过度生产→+污染排放→-环境资源→-产业集聚，负反馈。

⑧ 产业集聚→+科技创新→+生产成本→+粗放型生产→+污染排放→-环境资源→-产业集聚，负反馈。

这两条回路反映了产业集聚虽然能够创造经济效益，促进科技创新，但由于空间溢出效应的存在，会导致周围企业盲目跟风，造成过度生产，加剧污染排放，而在技术方面的投入小于产出，会导致生产成本剧增，使企业无法负担巨额成本只能选择粗放型生产，破坏生态环境，环境资源逐渐稀缺并且无法得到高效利用和正确保护，从而迫使企业离开产业集聚区；说明了不合理的生产安排在产业集聚和生态环境耦合演化过程中起到的负向调节作用。由此可知，控制产业集聚度在一定范围内，避免过度生产和粗放型生产，是维持和提高区域产业集聚活力和生态优势的关键。

⑨ 产业集聚→+拥挤效应→-环保意识→-环境资源→-产业集聚，负反馈。

⑩ 产业集聚→+恶性竞争→-环保意识→+污染排放→+环境规制→+生产成本→-产业集聚，负反馈。

这两条回路反映了产业集聚带来的拥挤效应和恶性竞争，让企业一味追求经济利益而忽视了对环境的保护，不仅降低了环境资源的利用效率，而且使政府提高了在环境规制方面的力度，自然资源的稀缺和生产成本的增加逼迫企业离开产业集聚区另寻出路；说明了产业集聚的负外部性效应在产业集聚和生态环境耦合演化过程中起到的负向调节作用。由此可知，降低产业集聚的负外部性效应是维持和提高区域产业集聚活力和生态优势的关键。因此，应该合理把握区域内产业集聚的水平，积极引导企业提高环境保护意识，促进产业集聚和生态环境的协调可持续发展。

从上述分析可以得出，产业集聚和生态环境耦合演化过程的主要因果关系及反馈回路是由产业集聚引起的产业结构优化、产业集聚自身的正外部性效应、人才集聚、不合理的生产安排和产业集聚自身的负外部性效应作用于环境资源，造成生态水平变化，形成对区域内企业的拉力和推力，又反作用于产业集聚。

第5章 产业集聚和生态环境耦合系统构建

5.1 生态引力作用系统的构成与涌现性

特定区域内的资源要素是推动产业建设和加速经济发展的催化剂，在生态引力作用系统的资源约束下，区域的产业结构和产业规模呈现自组织特征，并呈现出系统复杂性特征，为进一步研究生态引力与产业集聚耦合系统，我们在对该系统的演化路径进行分析的基础上，对生态引力作用系统进行了设计，如图 5-1 所示。

从图 5-1 的结构中可以看出，生态引力作用系统分为演化动力系统、功能作用系统和要素构成系统三个部分，其中，演化动力系统由产业集聚、环境规制和人力资源三大系统演化驱动要素组成；功能作用系统主要是对生态引力作用功能的概括，是生态引力不同层次和维度的受力对象的集合；要素构成系统是维持生态引力作用系统正常运行的子系统，包括保持生态功能的生态资源子系统和创新驱动子系统以及对整体系统进行功能维护和有序演化的调节反馈系统。

涌现是指复杂系统在自组织演化过程中各个组成要素之间相互作用而形成新的组织结构、功能或行为。由于涌现的形式因系统的结构和交互机制不同而有所差异，因此存在不可预测性，同时，由于系统的动态性特征，涌现的形式也会随着时间的变化而变化，并最终以外在表现的形式呈现。具体而言，系统涌现具有非线性、自发性等特点。非线性是指由于系统各组成要素来源于多个维度和层次，加之各要素之间复杂的交互机制，因此涌现的形式多样且不具有特定的规律；自发性是指涌现现象普遍存在于系统的演化和发展过程中，是系统适应性行为的表征和体现。总而言之，涌现性是系统演化过程中所产生的新功能和新结构呈现在不同方向、不同层级随机出现的整体特征。

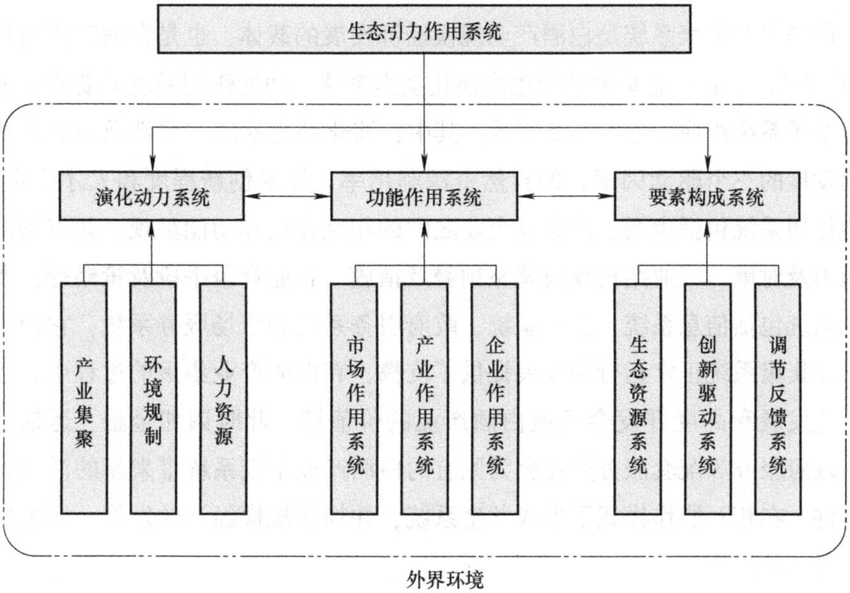

图 5-1　生态引力作用系统构成

生态引力作用系统在演化和发展过程中，受到不同要素系统的共同支撑和交互作用，也会呈现出涌现性特征。主要体现在以下三个方面：

1）区域经济增长的涌现性。生态引力作用系统在演化发展初期，吸引特定企业的过程中会促使产业集聚与规模效应的形成，并且成为促进地方特色经济发展的驱动力，此时生态引力作用系统可以看作特殊时间区域经济增长的“增长极”。

2）环境约束的涌现性。随着生态引力作用系统的演化，当生态资源的负荷无法维持生态引力作用系统的有效运转时，将会形成环境约束条件来对地区的产业结构和产业规模进行调整。

3）可持续发展的涌现性。在生态引力作用系统与产业集聚系统协调演化过程中，通过系统间的协调与自组织作用，提升协作能力与适应能力，进而实现生态环境的可持续利用。

为进一步深入探讨，后续将以白酒产业为例进行具体分析。

5.2 白酒产业集聚系统的构成与涌现性

白酒产业集聚系统是白酒产业规模经济发展的载体，也是白酒产业演化的“反应釜”，白酒产业集聚系统也由演化动力系统、功能作用系统和要素构成系统三个子系统组成，如图5-2所示。其中，演化动力系统主要涉及白酒产业可持续发展的三个驱动因素，即自然资源利用率、技术创新程度和人才稳定率；功能作用系统包括市场、产业及企业之间的相互作用和功能呈现，如市场同质化压力及对策、产业结构规模调整预警及措施、企业竞争手段及策略等；要素构成系统包括信息系统、金融系统、政府服务系统和市场服务系统，它们为白酒产业集聚系统正常运行和发展提供了支撑，在白酒产业集聚的过程中，经济的快速发展和高度开发会延展白酒产业的价值链，此时诸如金融、运输、信息、政府服务等配套服务产业会为原有的白酒产业集聚系统带来新的活力和市场条件，在相互协作模式下形成共生系统，并加快规模经济的发展，促进地域特色经济的形成。

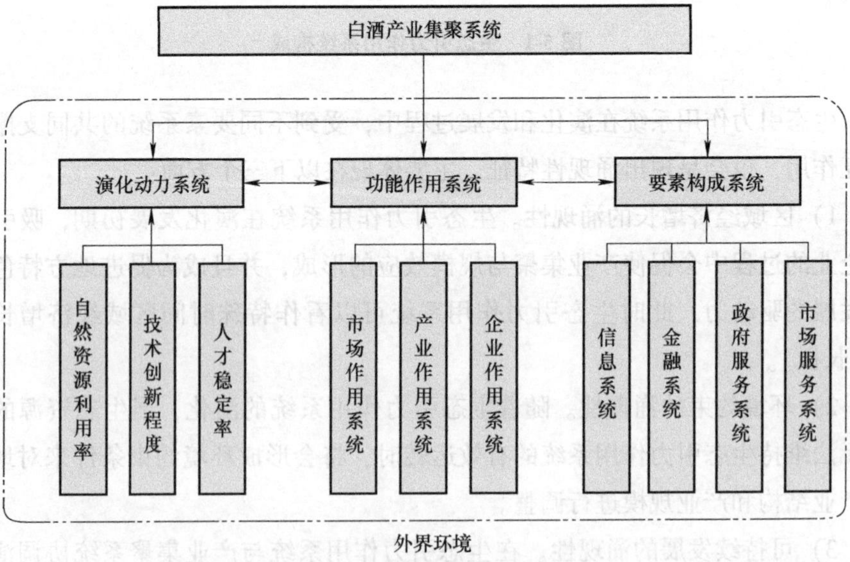

图5-2 白酒产业集聚系统构成

在环境、产业和市场的共同压力下，白酒产业系统也会呈现不断演化的发展趋势，因而也会在不同维度和时间发生系统涌现现象。由于产业集聚系统的作用主体主要是由白酒产业集聚系统中合作的各新型产业形成的产业联盟和产业集聚系统内部的所有企业两大主体组成，因此白酒产业集聚系统的涌现性特征主要体现在以下几个方面：

1）经济效益的涌现。相对于单个企业而言，产业集聚为企业群落带来了更多的收益机会，同时通过区域间知识的溢出和人才的流动降低了创新成本和生产成本，因此在白酒产业的集聚过程中，产业集聚系统可以涌现大量的经济效益。

2）竞争力的涌现。随着产业集聚系统的不断发展，日益严峻的同质化市场会迫使企业朝着追求可持续竞争力的方向投入成本，具体体现在为保持领先水平而对先进技术和工艺的改良与优化，对资源利用效率的提升，以及对高级人才的引入与奖励。在这种积极的竞争氛围下，企业间的竞争一方面升级了自身的核心竞争力；另一方面为产业集聚系统的演化与发展提供了有效的创新资源和人力资源，同时迫使相关服务产业升级，为整体系统的高质量发展和转型赋予了原动力。

3）品牌效应的涌现。通过产业集聚系统各个环境要素的正向关联协作和积极竞争，可以打造出品牌效应，继而进一步提高产业区各企业的知名度和竞争力。

5.3　生态引力与白酒产业集聚耦合系统的构成与分析

耦合演化是指两个原本不相关甚至对立的系统，在外界因素扰动和序参量有序关联运动的共同作用下，打破原有系统平衡，形成耦合目标、耦合内涵、耦合功能的动态融合过程。耦合协调度是衡量这一融合过程的重要指标，耦合协调度越大，系统之间的融合程度越大，系统协调等级越高；反之，系统融合程度越小，系统协调等级越低。

上一节已经分别对生态引力作用系统和白酒产业集聚系统的构成与涌现性特征进行了分析，现从目标、发展路径、结构及功能四个方面对两个系统的特征进行描述，再通过对生态引力与白酒产业集聚两个系统之间耦合演化的动机和内涵进行分析后，我们发现二者的耦合关联性主要体现在以下几点：

1）目标耦合。当前以高质量发展为核心宗旨的工业革命新浪潮正在席卷全球。党的十九大报告提出，我国经济已由高速增长阶段转向高质量发展阶段。然而，长期以“高投入、高消耗、高污染、低质量、低效益、低产出”和“先污染，后治理”为特征的工业发展模式所带来的资源浪费、环境恶化、结构失衡等矛盾和问题也正在日益凸显。在我国经济高质量发展的同时，全面推行产业绿色可持续发展是我国白酒产业可持续发展的必然选择。因此，有必要在白酒产业高质量发展的过程中，兼顾资源节约与生态环境保护工作，加速经济效益与可持续收益的有机融合，努力实现高效、智慧、清洁、低碳、循环的绿色发展目标。

2）路径耦合。生态引力与白酒产业集聚的演化过程分别属于区域发展模式和集聚演化模式，两个系统的演化在不同的演化模式中形成，但是从演化动力的角度不难发现，生态引力作用系统所依赖的产业集聚程度、环境规制和人力资源三大系统演化驱动要素与白酒产业集聚系统中自然资源利用率、技术创新程度和人才稳定率三大可持续发展要素之间存在复杂的条件交叉与因果关系，这些作用机制会使得两个系统的演化朝着特定的路径发展，最后出现交叉与融合，如图 5-3 所示。

3）结构耦合。生态引力与白酒产业集聚的结构耦合主要以生态引力作用力网络与所受力的白酒产业集聚网络交互关联形成，结构耦合主要通过作用于产业集聚系统的各个受力子单元及子单元之间协同博弈过程形成的受力网络的方式体现。生态引力作用系统为产业集聚提供资源条件，是产业集聚的基础；而由集聚所得的经济收益又可作用于生态引力作用系统，来提高生态环境质量。

4）功能耦合。生态引力作用系统的主要功能是维持地域生态活力，而白酒产业集聚系统的主要功能是实现规模经济，带动地方经济发展。两个系统演化过程中发生的涌现性特征也分别指向可持续发展与经济效益。因此在目标与特征的作用下，耦合系统将呈现资源收益最大化的产业可持续发展功能，并实现生态与经济协调发展的新耦合系统涌现性特征。

综上，可以得到生态引力与白酒产业集聚耦合系统的耦合理论框架，如图 5-4 所示。

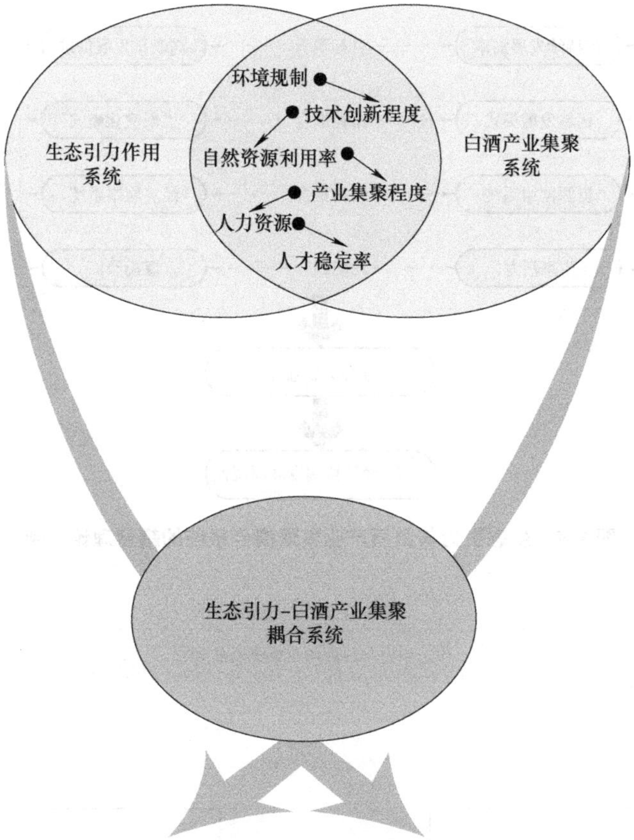

图 5-3　生态引力与白酒产业集聚系统的耦合发展路径

在白酒产业集聚系统的构建过程中，一方面，产业集聚系统中的企业数量不断增加，资源消耗能力不断加剧，产业集聚度的上升会直接导致区域生态引力的降低和系统演化的形成。另一方面，生态引力作用系统是产业集聚系统演化发展的条件载体，生态引力作用系统的演化将给产业集聚系统的演化带来诸多的条件约束或条件扩展，因此二者的耦合存在复杂的动态交互性，并赋予了耦合系统新的涌现性特征，耦合系统的交互特征如图 5-5 所示。生态引力与白酒产业集聚系统之间的相互影响程度会体现在系统之间的耦合关联度和产业可持续发展涌现性的强弱等级上，为两者之间的耦合研究奠定了理论基础。

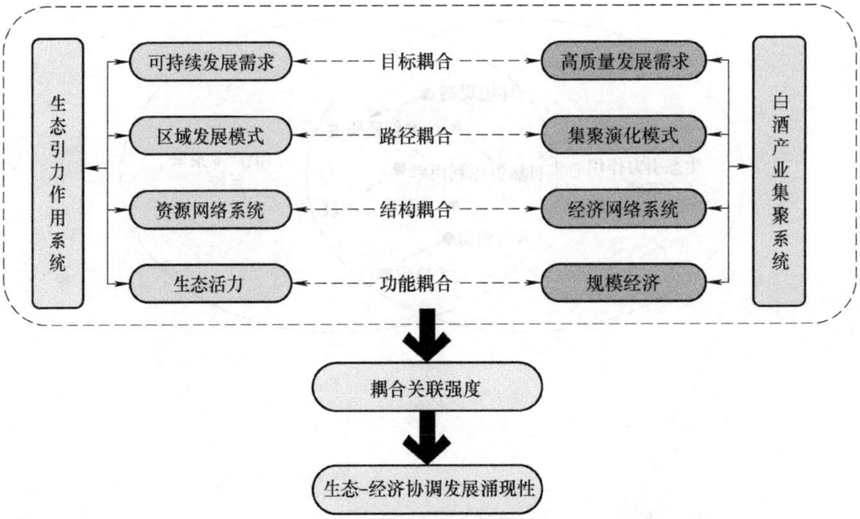

图 5-4　生态引力与白酒产业集聚耦合系统的耦合理论框架

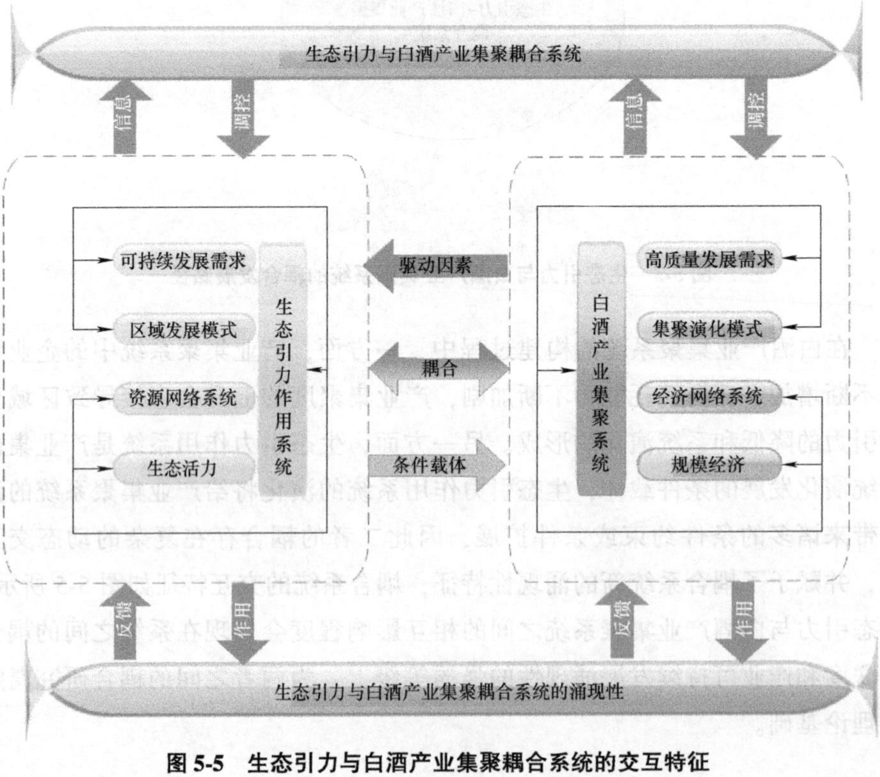

图 5-5　生态引力与白酒产业集聚耦合系统的交互特征

第 6 章 产业集聚和生态环境耦合系统评价

6.1 传统耦合度评价模型设计

生态保护与规模经济的协同发展是我国西部生态地位特殊地区变速超车、决胜小康的必然选择。为进一步定量分析二者之间的相互作用关系和协调发展机制，在明确二者协同耦合机理的基础上，还需要对两个系统的综合评价指数和耦合协调度进行测算，并从时间序列上对耦合系统的整体演化趋势及内部关联性进行深入分析。传统耦合度研究主要通过物理学的耦合知识，建立系统耦合模型，构建公式如下：

$$C = 2\{(u_1u_2)/[(u_1 + u_2)(u_1 + u_2)]\}^{1/2} \tag{6-1}$$

式中，u_1、u_2 分别表示两个系统的综合评价值；C 表示耦合度，$C=0\sim1$。当数值为 1 时，表示耦合度达到最大水平，并且各要素的耦合达到最佳，整个系统处于有序结构。当数值为 0 时，系统耦合度为最低水平，在此情况下，系统之间、各个要素之间均呈现无序、随机的状态。耦合度指标的分布情况见表 6-1。

表 6-1　耦合度指标分布情况表

数　值	含　义
$0\leqslant C<0.4$	低度耦合
$0.4\leqslant C<0.5$	中度耦合
$0.5\leqslant C<0.8$	高度耦合
$0.8\leqslant C\leqslant1$	最佳耦合

然而，生态引力与产业集聚耦合系统评价理论尚不成熟，我们所提出的部分理论也仅仅是从系统理论视角给出的一个解释，因此对耦合系统的评价问题仍然存在信息的不确定性和评价对象、过程、数据的模糊性。针对这一问题，我们尝试引入处理不确定性评价的云模型方法，建立了一套基于云模型的生态引力与白酒产业集聚耦合系统评价方法及体系。

6.2 基于云模型的耦合度评价模型设计

6.2.1 云模型介绍

云模型是一种处理定性和定量描述的不确定性转换模型，设 U 为一个定量论域，C 为定性概念，若定量值 $x \in U$，且 x 为 C 的某次随机实现，x 对 C 的确定度 $u(x) \in [0,1]$ 是具有稳定倾向的随机数，即若 $\mu: U \to [0,1]$，$\forall x \in U, x \to u(x)$，则 x 在论域 U 上的分布为云模型，x 为云模型的云滴。

1. 云发生器

在云模型中，定性概念与定量数据的转换机制可以通过云发生器进行。其中，正向云发生器是将定性概念输出为定量数据的映射，逆向云发生器是将定量数据转换为定性概念的映射，其算法模型如图 6-1、图 6-2 所示。

图 6-1 正向云发生器

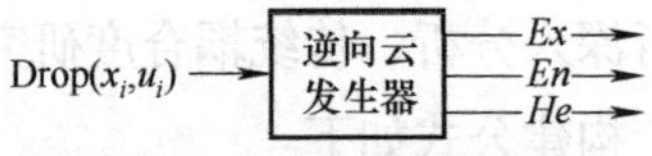

图 6-2 逆向云发生器

云模型可以用数字特征 *Ex*，*En*，*He* 来表示定性概念的语言评价值，其中，*Ex* 为期望值，可以反映定性概念的数值；*En* 为熵值，表示离散程度；*He* 为超熵值，反映定性概念的随机性。三个数字特征的示意图如图 6-3 所示。

云模型计算过程可分为三个步骤：

步骤一：计算期望值 *Ex*

$$Ex = \overline{X} = \frac{1}{n}\sum_{i=1}^{n} X_i \tag{6-2}$$

步骤二：计算熵值 *En*

$$En = \sqrt{\frac{\pi}{2}} \cdot \frac{1}{n}\sum_{i=1}^{n} \left| X_i - Ex \right| \tag{6-3}$$

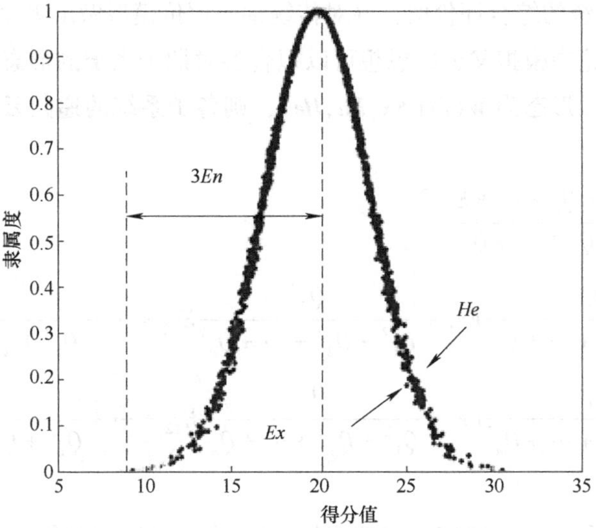

图 6-3 云模型的三个数字特征示意图

步骤三：计算超熵值 *He*

$$\begin{cases} He = \sqrt{|S^2 - En^2|} \\ S^2 = \dfrac{1}{n-1}\sum_{n=1}^{n}(X_i - \overline{X})^2 \end{cases} \tag{6-4}$$

式（6-2）~式（6-4）中，n 表示评价对象的数量；X_i 表示对象 i 的评价结果；S^2 表示样本的方差。

2. 评价标度的确定

云模型评价结果的确定与评价状态集等级的划分密切相关，将评价结果的等级划分为五个：E_2(1.0000,0.1031,0.0130)表示评价结果最好；E_1(0.6910,0.0640,0.0080)表示较好；E_0(0.5000,0.0390,0.0050)表示评价结果中等；E_{-1}(0.3090,0.0640,0.0160)表示评价结果较差；E_{-2}(0.0000,0.1030,0.0260)表示最差。

6.2.2 基于云模型的耦合度模型优化设计

1. 云滴的生成与递归云的计算

在对生态引力与产业集聚耦合系统进行综合发展水平评价时，考虑到评价过程的模糊性和信息不对称性等因素，我们采用了云模型的数字特征 *Ex*，*En*，

He 来表示各系统的综合评价值，并对传统耦合评价模型做出优化。

利用云理论中模拟父云的思想可以拟合各时期子系统的形态，设表示系统综合指数的父云形态为 $W(f)(Ex,En,He)$，则各子系统的递归云生成算法可表示为

$$\begin{cases} Ex = \dfrac{Ex_1Q_1 + Ex_2Q_2 + \cdots + Ex_nQ_n}{Q_1 + Q_2 + \cdots + Q_n} \\ En = \dfrac{{Q_1}^2}{{Q_1}^2 + {Q_2}^2 + \cdots + {Q_n}^2}En_1 + \dfrac{{Q_2}^2}{{Q_1}^2 + {Q_2}^2 + \cdots + {Q_n}^2}En_2 + \cdots + \dfrac{{Q_n}^2}{{Q_1}^2 + {Q_2}^2 + \cdots + {Q_n}^2}En_n \\ He = \dfrac{{Q_1}^2}{{Q_1}^2 + {Q_2}^2 + \cdots + {Q_n}^2}He_1 + \dfrac{{Q_2}^2}{{Q_1}^2 + {Q_2}^2 + \cdots + {Q_n}^2}He_2 + \cdots + \dfrac{{Q_n}^2}{{Q_1}^2 + {Q_2}^2 + \cdots + {Q_n}^2}He_n \end{cases} \tag{6-5}$$

式中，Q 为权重；Ex 为递归云的期望值；En 为递归云的熵值；He 为递归云的超熵值。

其中，Ex 反映云滴的分布情况，表示对系统综合指数的预期；En 表示云相对于期望值的离散程度，是对系统综合指数可信度的反映，En 越大，表示评价结果的可信度越低；He 表示评价过程中的不确定性程度，是对系统综合指数评价结果稳定性的反映，He 越大，表示评价结果稳定性越低。

2. 生态引力与白酒产业集聚耦合协调度云模型

耦合度是用来反映系统或序参量之间关联程度的指标，但由于该指标无法对耦合系统的协调发展水平和相互影响机制进行描述，我们采用具有更高级系统信息描述能力的耦合协调度来分析两系统之间的协调发展关系。传统耦合协调模型多采用子系统综合指数、耦合度及系统贡献指数三个要素来刻画系统间的耦合协调程度。沿着这一思路，假设生态引力作用系统的综合指数评价云为 $W(f)(Ex_1,En_1,He_1)$，白酒产业集聚系统的综合指数评价云为 $W(f)(Ex_2,En_2,He_2)$，则可推导出生态引力与白酒产业集聚耦合系统的耦合协调度评价云模型如下：

$$D = \sqrt{CT} \tag{6-6}$$

式中，D 表示耦合协调度；C 表示系统耦合度；T 表示两个系统的贡献指数。

$$C = \left[\frac{(Ex_1,En_1,He_1)(Ex_2,En_2,He_2)}{(Ex_1+Ex_2,En_1+En_2,He_1+He_2)^2}\right]^{\frac{1}{2}} \tag{6-7}$$

式中，(Ex_1, En_1, He_1) 表示生态引力作用系统的综合指数评价云；(Ex_2, En_2, He_2) 表示白酒产业集聚系统的总综合指数评价云；考虑到评价云数值特征的三维空间向量特征，本式的计算均参照向量运算形式，分子部分视为两云向量的外积，分母部分视为空间向量的欧式距离。

$$T = \lambda(Ex_1, En_1, He_1) + (1 - \lambda)(Ex_2, En_2, He_2) \tag{6-8}$$

式中，λ 表示两个子系统贡献度的权重，一般而言，一个区域的生态引力作用系统与产业集聚系统处于同等重要的地位，但从国家可持续发展战略层面来看，生态环境的保护和生态引力作用系统的建设应该优先于产业集聚系统发展，二者之间具有一定的隶属性。因此，本文赋予生态引力作用系统更大的耦合贡献权重，即令 $\lambda = 0.4$。

3. 耦合协调度的评价标度

为了更直观地反映生态引力作用系统与白酒产业集聚系统之间的耦合协调状态，参照云模型结果的确定与评价状态集等级划分的相关方法，将耦合系统协调度分为五个评价等级：E_2(1.0000, 0.1031, 0.0130) 表示优质协调；E_1(0.6910, 0.0640, 0.0080) 表示良好协调；E_0(0.5000, 0.0390, 0.0050) 表示中等协调；E_{-1}(0.3090, 0.0640, 0.0160) 表示轻度拮抗；E_{-2}(0.0000, 0.1030, 0.0260) 表示严重拮抗。用横坐标云模型标度表示协调程度，纵坐标隶属度表示选取该评价值的确定度，用 MATLAB 绘制评价标度云图，如码 6-1 所示。

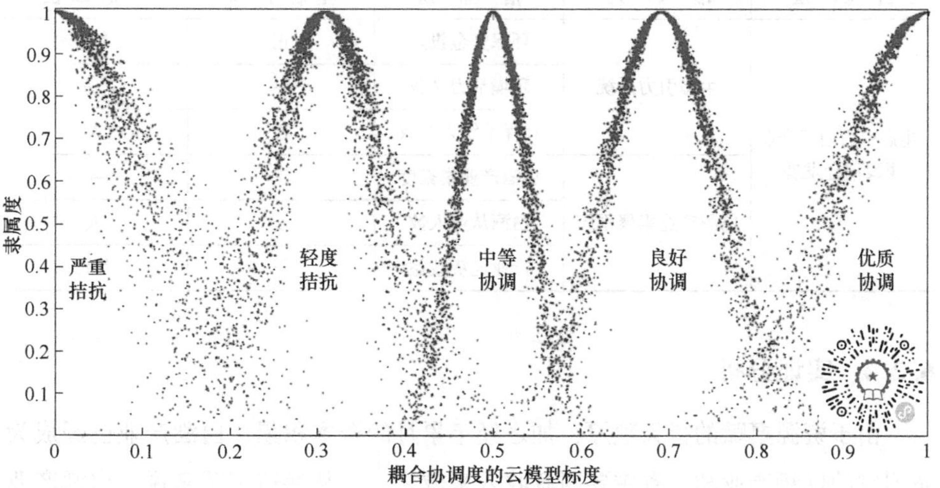

码 6-1　耦合协调度评价标度云图

6.2.3 生态引力与产业集聚耦合评价指标体系设计

生态引力与白酒产业集聚耦合发展研究是一项复杂的工作，不仅生态引力作用系统与白酒产业集聚作用系统之间存在相互影响的耦合关系，生态引力作用系统的内部与白酒产业集聚系统的内部也存在着复杂的交互关系，这些关系的耦合情况都会对生态引力的维持与白酒产业集聚的发展产生影响。因此，指标体系的设计不仅要体现生态引力与白酒产业集聚的耦合性，还要能反映系统内部之间的关系映射。

指标体系的设计遵循以下原则：①指标能够反映生态引力与白酒产业集聚的耦合性；②指标要具有科学性、合理性、系统性和全面性；③由于生态引力和白酒产业集聚的耦合是一个动态发展的过程，因此指标应具有时序性，能够动态反映两者之间的作用关系。在遵循上述原则的基础上，我们采用频度分析法对近十年相关文献进行整理，选择出使用频度最高的指标；然后进行理论分析，初步提出评价指标；最后采用粗糙集和专家咨询法结合的方法对指标进行筛选和设置，构建了反映生态引力和白酒产业集聚耦合发展水平的综合评价指标体系，见表6-2。

表 6-2 生态引力白酒产业集聚耦合发展评价指标体系

目标层	准则层	指标层	指标方向	指标单位
生态引力白酒产业集聚耦合发展	生态引力系统	环保资金投入	正	万元
		环境活力系数	—	—
		环保系统人员数	正	人
	白酒产业集聚系统	白酒产业集聚度	正	—
		白酒从业人数	正	人
		产业经济效益	正	万元

6.2.4 实证分析

由于资源禀赋的得天独厚，加之经年累月的资本积累，白酒产业已经成为贵州省的优势产业和全省主要财政收入来源之一。从酿造工艺来说，白酒产业对地区生态资源有极强的依赖性，气候、水质、土壤、原材料的轻微差异都会影响到酒的品质和口感。同时，我们在贵州省调研时发现，该区域的白酒产业存在空间范围内的产业规模自限现象，即当白酒产业集聚度和生态资源占用率达到一定的水平，集聚系统内部将自发地形成“逐底竞争”，淘汰竞争力不足的弱势企业，最终使贵州省的白酒产业规模维持在稳定范围内。区域白酒产业集聚系统具有明显的资源依赖性、空间集聚性和自约束性，在多年的自组织演化过程中，形成了稳定的空间集聚格局。但近年来，随着东部地区资源枯竭，西部地区丰富的生态资源和西部大开发的政策利好促使大量酿酒企业向贵州省涌入。区域产业系统的动态平衡被打破，同质化生产条件和固定规模市场导致行业出现恶性竞争，茅台镇白酒产业集聚系统自调节功能紊乱、水体监管体系失灵，白酒生产废液的不当排放导致黄葛沟、石坝河、楠家湾等区域均出现了一定程度的水体污染现象，严重影响了茅台镇白酒产业的可持续发展。探究白酒产业集聚区自组织演化的过程，探明茅台镇白酒产业集聚系统内部演化博弈过程，找到导致茅台镇白酒产业系统自调节能力失灵的问题所在，进而通过优化产业布局、建立政策响应机制、探索生态与产业耦合发展路径等方式来处理好产业集聚、产业转移与环境污染的关系是贵州省乃至西部地区承接中东部地区过剩产能，实现经济发展高质量转型的重要一步。

1. 数据收集与处理

为保证数据的权威性，本节数据全部来源于 2011—2019 年的《贵州省统计年鉴》和 Wind 数据库。为规避指标影响方向和量纲不同对评价工作产生的影响，我们在指标选取时对部分数据进行了如下预处理工作，并将处理后的数据汇总到表 6-3。

1）环保资金投入。《2019 年贵州省统计年鉴》仅记录了该指标 2018 年之前的数据，因此本文通过滑动平均法处理 2016—2017 年的数据来对 2018 年的数据进行预测、补齐。

2）环境活力系数的测算。为保证所设计的生态引力作用系统与白酒产业集聚系统的关联性，通过对白酒产业的工艺流程分析，参照 GB 27631—2011《发酵酒精和白酒工业水污染物排放标准》，我们从工业废水量、化学需氧量、五日生化需氧量、氨氮含量四个方面对白酒产业集聚区的水体污染综合指数进行测算，将白酒产业集聚系统感知的生态引力作用系统环境活力系数定义为水体污染综合指数的负相关系数，即

白酒产业集聚区的环境活力 = 1 - 白酒产业集聚区的水体污染综合指数 (6-9)

3）白酒产业集聚度。产业集聚度的测算公式较多，我们采用集中度这一指标对贵州省的白酒产业集中度进行测算。计算公式如下：

$$CR_n = \frac{X_g}{\sum_{i=1}^{N} X_i} \tag{6-10}$$

式中，CR_n 表示白酒产业的集聚度；X_g 代表贵州省的白酒产业产值；$\sum_{i=1}^{N} X_i$ 表示全国各白酒生产省份的白酒总产值。

4）白酒产业从业人数。白酒产业从业人数指标仅有 2011 年国家统计的原始数据，此后未再进行统计。我们通过 2011 年贵州省白酒产业从业人数占贵州省第二产业从业总人数的百分比来拟合计算此后每年的白酒产业从业人数。计算公式如下：

$$P_i = \frac{2011\text{ 年贵州省白酒产业从业人数}}{2011\text{ 年贵州省第二产业从业人数}} \times \text{第 } i \text{ 年贵州省白酒产业人数} \tag{6-11}$$

表 6-3 贵州省生态引力与白酒产业集聚耦合指标数据一览表

年份	贵州省白酒产业从业人数（人）	贵州省白酒产业收入效益（万元）	贵州省白酒产业集聚度	环保系统人员数（人）	环保资金投入（万元）	环境系数
2011	29103	2701682.20	0.0241	3168	106.70	0.9867
2012	22807	378690.00	0.0233	3633	97.35	0.9840
2013	22629	4540454.90	0.0264	3832	133.70	0.9845
2014	22462	4806600.00	0.0303	3945	175.25	0.9416
2015	22280	5421000.00	0.0326	4294	161.16	0.9373
2016	21806	6525000.00	0.0361	4431	177.18	0.9349
2017	21556	8027400.00	0.0369	6520	171.43	0.9246
2018	21048	9813400.00	0.0380	6511	169.92	0.9282

2. 指标权重确定

在多指标综合评价中，指标权重确定方法主要有主观赋权法和客观赋权法两种，在传统的单一评价方法中，主观赋权法过于偏重人的思想而缺少对数据客观事实的描述，而客观赋权法又容易忽略人的知识和经验对数据的纠正作用。针对单一使用主观或客观赋权法所存在的不足，学者们提出了结合主、客观赋权优点，兼顾客观数据特征和专家主观意见的组合赋权方法，该方法一经提出便得到了广泛的应用。但以往运用组合赋权法时通常人为主观确定主、客观权重分配系数，缺乏一定的理论依据，且在各评价指标权重确定过程中缺乏对耦合系统评价过程模糊性和随机性的考虑，因此指标的权重仍然存在主观性过强的问题。

单位约束条件下最优组合赋权方法是一种以评价值向量作为组合基础的赋权方法，与传统以权向量为基础的赋权方法相比，该方法通过引入单位约束算子进行寻优，弥补了传统权重分配系数缺乏理论依据的问题。我们尝试运用单位约束条件下最优组合赋权方法对生态引力与白酒产业集聚耦合系统的协调发展能力评价指标进行赋权，提出一种梯级逐层指标组合赋权方法，通过在单位约束条件下对基于 AHP 法和粗糙集的主客观赋权方法进行寻优组合，确定出最优组合权重。步骤如下：

1）主观权重确定。层次分析法是一种定性和定量相结合的、系统化、层次化的系统决策分析方法。其基本思路是将一个复杂的多目标决策问题看作一个系统，将总目标分解为若干有序的子系统，进而分解为多指标的若干层次结构。基于专家知识对某一客观事物进行主观判断，并对每个层次的相对重要性做出定量分析（主要是两两比较），构建“判断矩阵”，在通过一致性检验的前提下，以该矩阵的最大特征值和其响应的特征向量，确定每一层次中各个元素的相对重要性次序的权重，通过对各层次的分析，进而得到整个指标体系的总排序权重。具体操作过程如图 6-4 所示。

利用层次分析法确定评价指标的主观权重向量如下：

$$\boldsymbol{\lambda} = (\lambda_1, \lambda_2, \lambda_3, \cdots, \lambda_n) \tag{6-12}$$

2）客观权重确定。粗糙集（Rough Set）理论是波兰科学家帕拉克（Z. Pawlak）提出的对不完整和不精确数据进行描述的重要数学工具。近年来被广泛应用于描述数据的内在关联性及指标客观权重。粗糙集确定指标权重的主要思想是：对于条件属性集 C，$\forall c \in C$ 去除前后属性集的信息变化程度表示为 $\mathrm{Sig}(c)$。条件信息熵主要反应条件属性对于决策信息的确定性程度，记作

$I(D|\{c\})$。为综合考虑属性在属性集中的相对重要程度和属性本身的重要程度，将 $\mathrm{Sig}(c)$ 和 $I(D|\{c\})$ 综合起来计算权重。

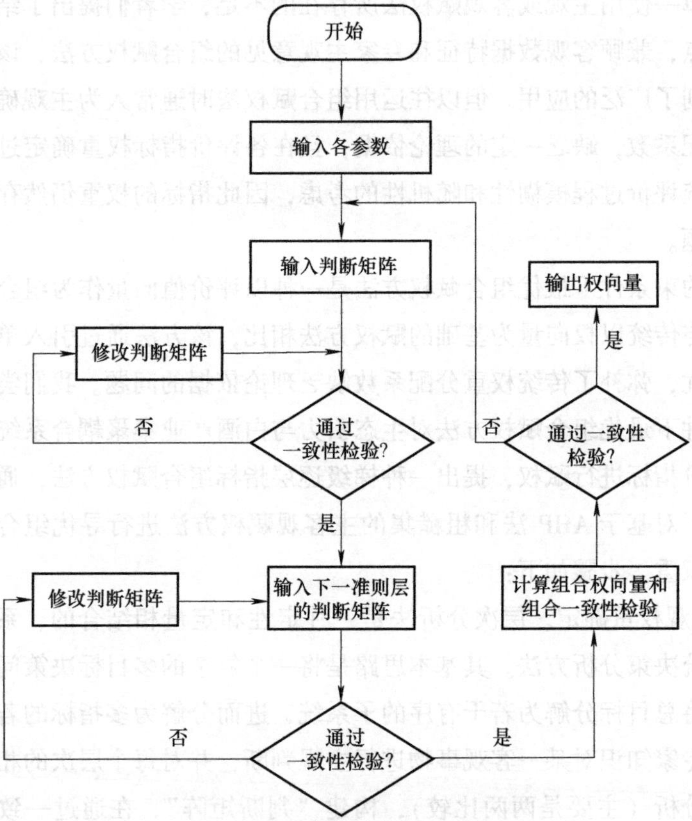

图 6-4 层次分析法算法流程图

利用粗糙集确定评价指标的客观权重向量：

设 $K=(U,R,V,F)$ 是一个决策信息系统，$R=C\cup D$ 且 $C\cap D=\varnothing$ 决策属性 D $(U|D=\{Y_1,Y_2,\cdots,Y_n\})$ 相对于条件属性 $C(U|C=\{X_1,X_2,\cdots,X_m\})$ 的条件信息熵可记为

$$I(D|C)=\sum_{i=1}^{m}\left(\frac{|X_i|}{|U|}\right)^2\sum_{j=1}^{n}\frac{|Y_j\cap X_i|}{|X_i|}\left(1-\frac{|Y_j\cap X_i|}{|X_i|}\right) \tag{6-13}$$

则决策信息系统 K 中，属性 $\forall c_j\in C$ 的条件属性重要度为

$$\mathrm{Sig}(c_j)=I(D|C-\{c_j\})-I(D|C) \tag{6-14}$$

将一级指标按属性分为 n 个属性集，根据式（6-13）和式（6-14）构建一级指标属性 $c_i(i=1,2,3,4)$ 对于条件属性集的属性重要度为 $\mathrm{Sig}(c_i)(i=1,2,3,4)$，其本身所占的重要度为 $I(D|1,c_i)$，权重为

$$\omega(c_i)=\frac{\mathrm{Sig}(c_i)+I(D|\{c_i\})}{\sum_{i=1}^{4}\mathrm{Sig}(c_i)+I(D|\{c_i\})}$$

同理，对一级指标下的二级指标分别计算其重要度

$$\omega(c_{ij})=\frac{\mathrm{Sig}(c_{ij})+I(D|\{c_{ij}\})}{\sum_{i=1}^{n}\sum_{j=1}^{n}\mathrm{Sig}(c_{ij})+I(D|\{c_{ij}\})}\quad(i=1,2,3,4;j=1,2,3,4)$$

最后将一级指标权重和二级指标权重相乘得到整体二级指标权重，即

$$\ell=\omega(c_i)\cdot\omega(c_{ij})$$

记作

$$\ell=(\ell_1,\ell_2,\ell_3,\cdots,\ell_n)\tag{6-15}$$

3）基于单位约束的组合赋权。本文在单位约束函数条件下对评价指标进行优化组合赋权，该方法以最终评价结果向量为权重组合基础，通过对不同优化模型中的显性组合权重向量 $\boldsymbol{W}$ 进行遍历寻优。具体过程如下：

第一，构建组合权重向量 $\boldsymbol{W}$ 的目标函数。

$$W_j=x_1\lambda_j+x_2\ell_j\tag{6-16}$$

$$x_1^2+x_2^2=1\quad(x_1,x_2\geqslant 0)\tag{6-17}$$

式中，W_j 表示评价指标的权重；λ_j 为层次分析法确定的主观权重；ℓ 为粗糙集法确定的客观权重；x_1，x_2 为组合赋权系数向量的线性相关系数；$x_1^2+x_2^2=1$ 为单位化的约束条件。

第二，构建单组评价对象评价值函数。

最优组合赋权问题的关键在于确定 x_1，x_2 的最佳线性关系，假设 q_{ij} 为第 i 个对象对于第 j 个指标的数据值，则根据显性加权法，第 i 个对象的指标评价值可表示为

$$S_i=\sum_{j=1}^{n}b_{ij}W_j\quad(i=1,2,\cdots,m)\tag{6-18}$$

第三，多指标组合赋权函数构建。

为更好地体现评价指标之间的差异，组合赋权系数向量 $\boldsymbol{W}$ 对各组指标评价

值 S_i 的分布是尽可能分散的，用期望形式可以表示为

$$W(E_x \mid S_i - S_{i-1}) \neq 0 \tag{6-19}$$

于是，组合赋权的寻优问题便可转化为如下函数：

$$\max F(x_1, x_2) = \sum_{i=1}^{m} S_i = \sum_{i=1}^{m} \sum_{j=1}^{n} (x_1 \lambda_j + x_2 \ell_j) q_{ij} \tag{6-20}$$

第四，构建拉格朗日函数求解，设

$$L = \sum_{i=1}^{m} \sum_{j=1}^{n} (x_1 \lambda_j + x_2 \ell_j) q_{ij} + \frac{\lambda}{2}(x_1^2 + x_2^2 - 1) \tag{6-21}$$

令$\partial L / \partial x_1 = 0$；$\partial L / \partial x_2 = 0$ 且 λ 为拉格朗日乘子，即

$$\begin{cases} \sum_{i=1}^{m} \sum_{j=1}^{n} (q_{ij} \lambda_j + \lambda x_1) \\ \sum_{i=1}^{m} \sum_{j=1}^{n} (q_{ij} \ell_j + \lambda x_2) \end{cases} \tag{6-22}$$

联立式（6-16）~式（6-22），求解 x_1，x_2，并对结果进行归一化处理，可得到最优权重系数组合为

$$\begin{cases} x_1^{op} = \sum_{i=1}^{m} \sum_{j=1}^{n} q_{ij} \lambda_j \Big/ \sum_{i=1}^{m} \sum_{j=1}^{n} (q_{ij} \lambda_j + q_{ij} \ell_j) \\ x_2^{op} = \sum_{i=1}^{m} \sum_{j=1}^{n} q_{ij} \ell_j \Big/ \sum_{i=1}^{m} \sum_{j=1}^{n} (q_{ij} \lambda_j + q_{ij} \ell_j) \end{cases} \tag{6-23}$$

第五，求解最优组合模型的组合权重。

$$W_j = x_1^{op} \lambda_j + x_2^{op} \ell_j \tag{6-24}$$

记作

$$\boldsymbol{W} = (W_1, W_2, W_3, \cdots, W_n) \tag{6-25}$$

通过对不同专家的走访调查，确定生态引力与产业集聚耦合系统评价指标体系中各项指标的重要性排序关系，根据层次分析法计算出各指标的主观权重 λ_j；将各评价指标量化值通过粗糙集中式（6-13）~式（6-15）计算出客观权重 ℓ_j；根据计算的主、客观权重，在单位约束条件下，以评价结果向量为组合基础对其进行寻优组合，由式（6-16）~式（6-24）求解优化系数 $x_1^{op} = 0.539$，$x_2^{op} = 0.461$，运用式（6-25）计算最终的组合权重向量 $\boldsymbol{W}$，结果详见表 6-4。

表 6-4　生态引力与白酒产业集聚耦合发展评价指标体系

目　标　层	准　则　层	指　标　层	主观权重	客观权重	综合权重
生态引力与白酒产业集聚耦合发展	生态引力作用系统状态指数	环保资金投入	0.202	0.198	0.200
		环境活力系数	0.259	0.289	0.273
		环保系统人员数	0.139	0.115	0.128
	白酒产业集聚系统发展指数	白酒产业集聚度	0.158	0.195	0.175
		白酒产业从业人数	0.090	0.069	0.080
		产业经济效益	0.152	0.134	0.144

3. 实证结果与分析

将所得到的表 6-4 生态引力与白酒产业集聚耦合发展评价指标体系及表 6-3 贵州省生态引力与白酒产业集聚耦合指标数据一览表代入式（6-2）~式（6-8）可得到贵州省 2011—2018 年生态引力作用系统状态指数、白酒产业集聚发展指数、耦合度和耦合协调度等耦合系统云评价指标的数字特征，见表 6-5。数据处理过程见附录。

表 6-5　耦合系统云评价指标的数字特征

评 价 对 象	*Ex*	*En*	*He*
白酒产业从业人数	0.0457	0.0241	0.0574
白酒产业收入效益	0.1152	0.0427	0.0781
白酒产业集聚度	0.0667	0.0254	0.0602
环保系统人员数	0.0717	0.0291	0.0645
环保资金投入	0.0518	0.0148	0.0460
环境系数	0.0652	0.0310	0.0665
白酒产业集聚系统状态指数	0.2276	0.0922	0.1957
生态引力作用系统状态指数	0.1887	0.0749	0.177
耦合度	0.421	0.243	0.387
耦合协调度	0.815	0.098	0.158

应用 MATLAB 程序将生态引力与产业集聚耦合系统的耦合度（0.421, 0.243,0.387）及耦合协调度（0.815,0.098,0.158）生成云图，如码 6-2 和码 6-3 所示，其中，红色图形为评价标度，蓝色、紫色图形为评价云图。

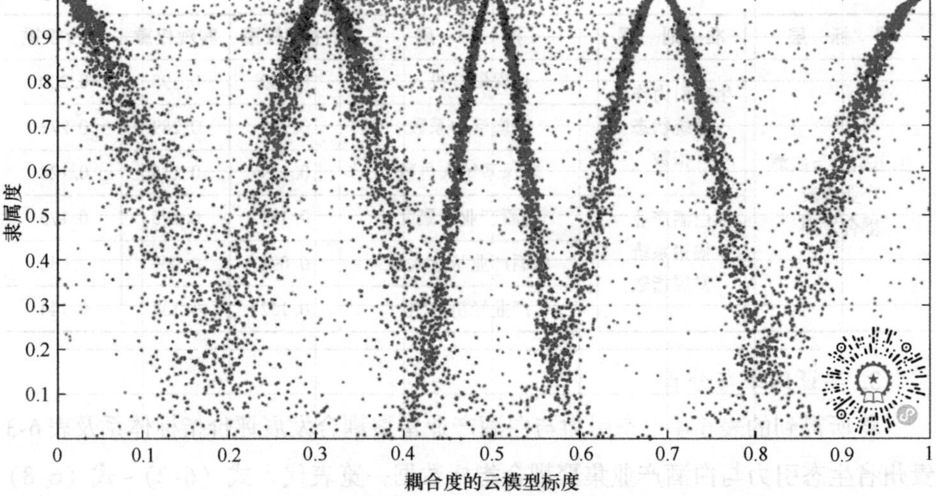

码 6-2　生态引力与产业集聚耦合系统的耦合度云

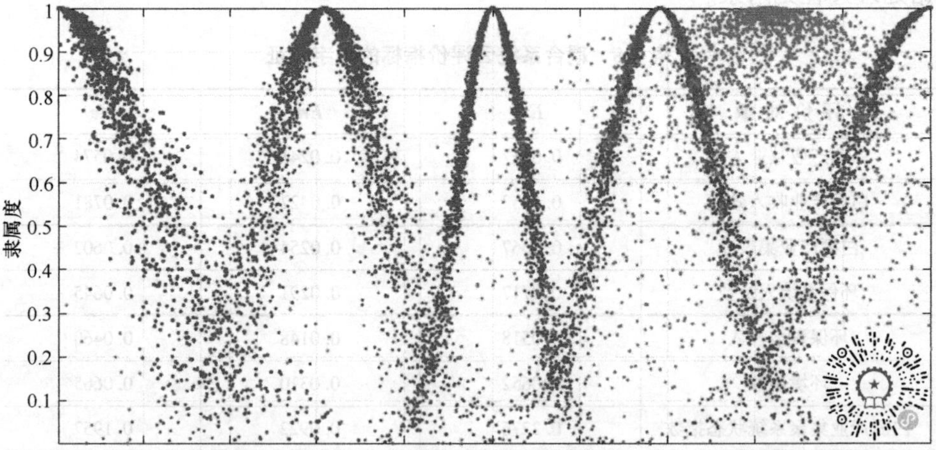

码 6-3　生态引力与产业集聚耦合系统的耦合协调度云

从码 6-3 可以看出，贵州省的生态引力与白酒产业集聚系统之间的耦合协调度介于良性协调和优质协调之间，并有向优质协调进化的趋势。两系统的耦合协调度云反映了系统间合作实现双赢的程度和稳定性。因此可以认为生态引力与产业集聚耦合系统之间存在较好的耦合协调潜力和耦合协调发展优势，探索二者耦合协调发展路径可以成为贵州省相关部门及机构关注的重点问题。

4. 稳健性分析与讨论

为验证本文所提出模型的有效性及所得出结论的可靠性，我们应用传统耦合度模型对以上模型的稳健性进行了检验。根据传统耦合度评价模型式 6-1，我们计算了生态引力与白酒产业集聚耦合系统的耦合度和耦合协调度见表 6-6。

表 6-6　传统耦合度评价模型求解得到的评价结果

年　份	耦　合　度	耦合协调度
2011	0. 494	0. 422
2012	0. 475	0. 342
2013	0. 488	0. 411
2014	0. 499	0. 408
2015	0. 492	0. 425
2016	0. 485	0. 465
2017	0. 494	0. 537
2018	0. 487	0. 565
平均	0. 489	0. 447

根据传统耦合度求解得到的评价结果显示，生态引力与产业集聚的平均耦合度为 0. 489，属于评价标度 $0.4 \leqslant C < 0.5$ 之间，因此可以认为两系统之间处于中等耦合状态，这与上文耦合度云评价结果相符合。从传统耦合协调度的计算结果来看，两系统之间的耦合协调度表现为由中等协调状态向良好协调状态跃迁的动态变化趋势。但是值得注意的是，在传统耦合度的评价中，两系统的耦合度变化趋势较小，趋于平稳；而两系统的耦合协调度却呈现较大的波动变化。耦合度与耦合协调度之间出现了不相关甚至负相关关系，这与一般的逻辑不相符合，因此很难对系统之间的耦合关系进行讨论，绘制传统耦合度和耦合协调度的变化趋势及二者的关系曲线如图 6-5 所示。我们认为导致传统耦合度评价方法中耦合度与耦合协调度关系非线性的原因正是各个系统演化过程的随机性和耦合关系的不稳定性，因此运用我们所提出的新耦合度评价方法能更好

地对耦合系统的耦合度与耦合协调度的稳定性和有效性进行解释，同时也有利于对耦合系统的演化趋势及演化过程中的随机性进行探讨。

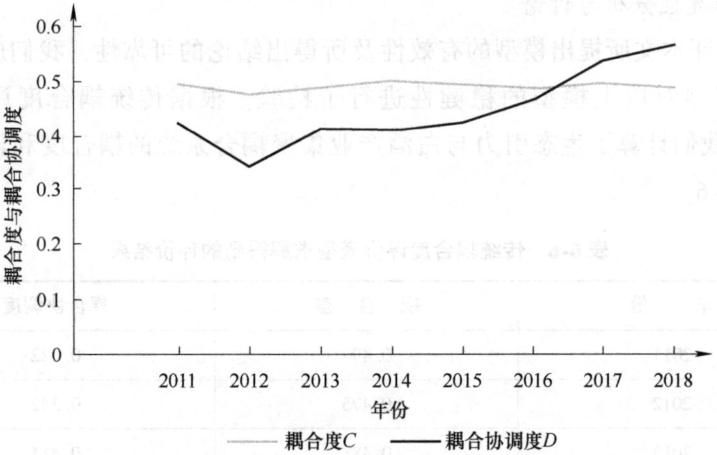

图 6-5 传统耦合度计算的耦合度与耦合协调度关系图

第7章 产业集聚和生态环境耦合的路径

近年来，我国工业经济快速发展，但随之而来的资源枯竭问题和环境破坏现象也日益严峻。习近平总书记指出：“生态环境保护和经济发展是辩证统一、相辅相成的。”牺牲自然资源、破坏环境换取短期发展的粗放型经济增长模式显然不再符合我国“高质量、可持续”经济发展的新要求。

我国西部地区自然资源丰富，在西部大开发的战略支持下形成了黔川白酒产业带、南贵昆经济区、长江上游经济带等典型的资源依赖型轻工业产业集聚区。“十三五”时期，西部地区进入爬坡过坎、转型升级的关键阶段，加速工业化进程和增强可持续发展支撑能力成为西部地区实现“后发赶超”的两大关键。

产业工业化与产业生态化的协调统一是西部地区规模经济高效、良性、可持续发展的必由之路。然而，产业结构单一、产业链交互性弱、高能耗低附加值、生态环境脆弱且难修复等共性问题正成为现阶段西部地区生态文明建设与工业经济发展面临的主要矛盾。如何在西部地区产业工业化转型升级过程中保持甚至提高产业生态化建设水平，找到产业发展过程中工业化与生态化的协调发展路径，成为西部地区经济高质量可持续发展过程中亟待解决的科学问题。

确定合理有效的评价指标体系与评价方法是解决这一问题的关键，但目前尚未见这方面的研究报告。为此，我们从产业工业化与生态化耦合的内涵和测度入手，建立了西部地区工业化与生态化耦合发展能力的系统动力学模型，以贵州省为研究对象，通过对该省产业工业化与生态化耦合发展的不同路径进行情景模拟与评价分析，探索了适合贵州省的产业发展路径。我们提出的产业发展路径为西部地区产业工业化与生态化耦合系统评价工作提供了理论依据，也对西部地区加速工业化进程和增强可持续发展支撑能力有一定的参考意义。

7.1 产业集聚和生态环境耦合的内涵与测度

产业工业化是指国民生产总值中第二产业产值比例不断上升的过程。工业化的内涵至少包括两个方面：一方面，工业化发展带来的资本积累必然会造成社会经济要素的流动、产业结构的变化和人口的迁移；另一方面，工业发展过程中对自然资源的占用又将引起地方土地利用模式的变化、自然资源的开采和环境污染，资源和环境容量的减少最终成为工业化发展的约束力。因此，我们认为工业化的内涵具有动态性、交互性和多维性，其测度应该包括经济发展、人口迁入、资源占用、环境污染这四个互相联系、互相影响的方面。其中，经济发展是基础，人口迁入和资源占用是表现，环境污染是必然结果。

产业生态化是指在生态系统环境承载能力范围内，通过优化产业系统与自然系统的互动机制，构建充分利用资源、消除环境破坏、实现良性循环的可持续产业发展模式的过程。在该模式下，各产业遵从“绿色、循环、低碳”的产业发展要求，通过建立循环经济生态链和产业协同联动发展机制，实现生态资源的保值增值、污染排放的降低和产业经济效能的提升。产业生态化的测度主要包括土地资源、能源与资源的利用情况、废弃物排放情况及环境规制力度四个方面。产业工业化与生态化之间的耦合关系就是产业工业化与生态化的测度之间相互耦合形成的非线性关系的总和，如图 7-1 所示。

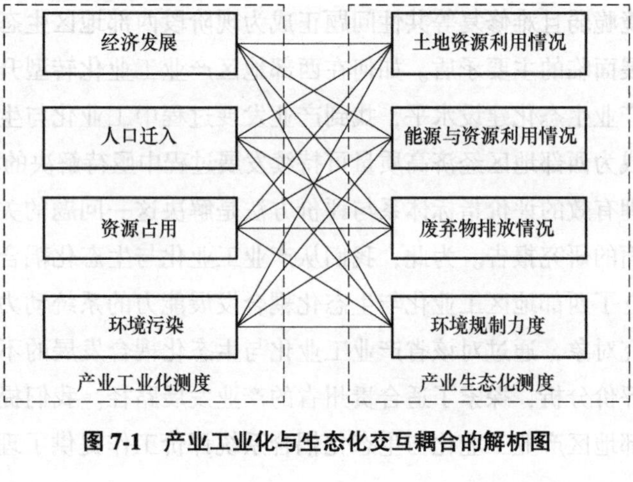

图 7-1 产业工业化与生态化交互耦合的解析图

7.2　产业集聚和生态环境耦合的SD模型

7.2.1　系统结构分析

产业工业化与生态化耦合系统是涉及经济、社会、资源、政策、环境多领域的复杂系统，应用DPSIR理论框架（驱动力、压力、状态、影响、反应）对产业工业化与生态化的因果关系进行分析，将耦合系统分为四个子系统：工业人口总量子系统、产业经济子系统、环境规制子系统、资源储备子系统。根据DPSIR划分的层次结构和西部地区的产业特征，又可进一步将这四个子系统细分为：工业人口总量、第一产业产值、第二产业产值、第三产业产值、工业用地面积、废水储量、废气储量、固废储量、资源存量等九个模块，其系统动力学流程图如图7-2所示。

7.2.2　产业工业化与生态化耦合系统子系统设计

1. 工业人口总量子系统

在产业工业化发展的过程中，工业人口总量作为水平变量，其存量取决于初始量、迁入率和迁出率，同时受迁入政策、拥挤因子、环境资源剩余量、人均占地等因素的影响。在整个耦合系统中，工业人口总量子系统还与产业经济、工业化进程、环境约束、人均GDP和资源存量等密切相关，如图7-3所示。

2. 产业经济子系统

在产业经济子系统中，产业经济子系统的结构由不同产业的产值比重决定，故选取第一产业产值、第二产业产值、第三产业产值作为水平变量，从第二产业产值占总产值的比重和政府财政投资比例两个方面体现耦合系统工业化的程度，如图7-4所示。

3. 环境规制子系统

在本系统中，将工业用地面积、废水储量、废气储量、固废储量作为该系统的水平变量。通过工业废水、废气、固废的排放情况、治理情况以及环保投入情况能反映出政策的导向和偏好及系统的环境状况与环保力度，如图7-5所示。

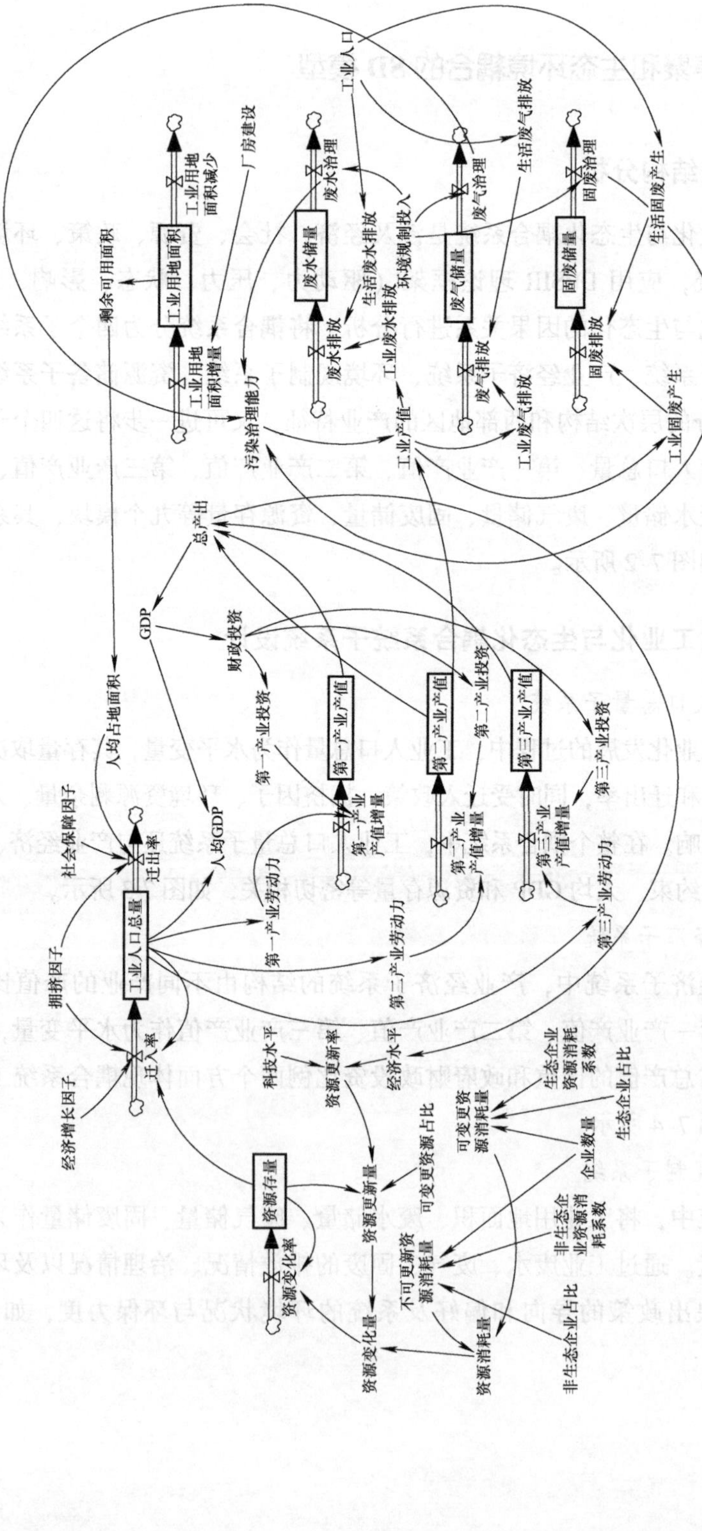

图7-2 产业工业化与生态化耦合系统动力学流程图

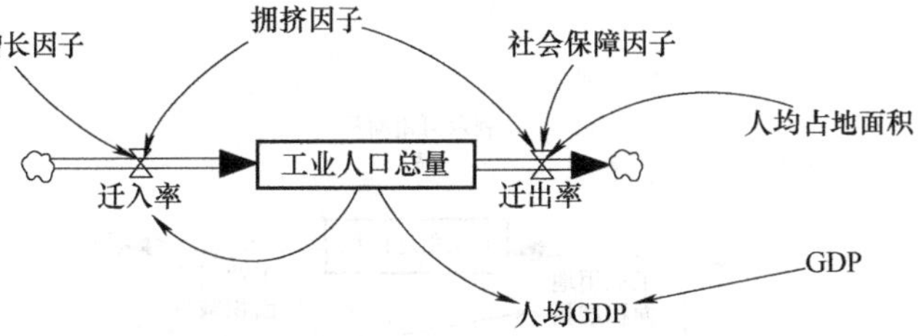

图 7-3　工业人口总量子系统流程图

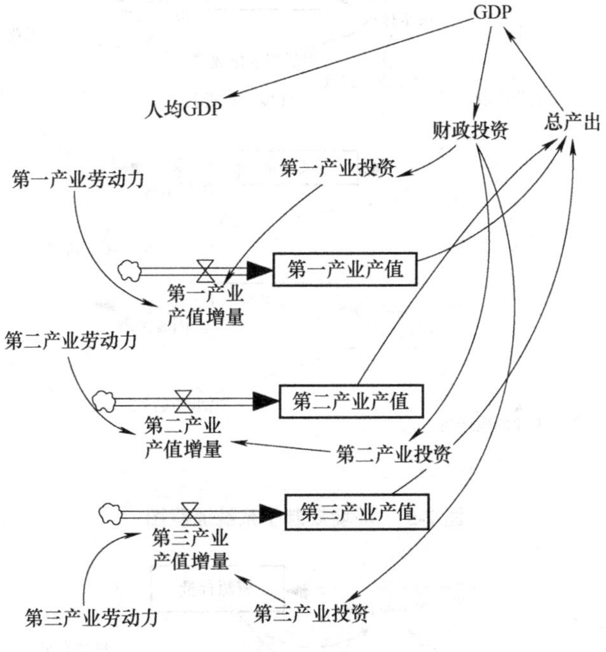

图 7-4　产业经济子系统流程图

4. 资源储备子系统

资源储备是产业生态化程度的体现，产业生态化程度越高，资源利用率、生态企业占比率、可更新资源占比率越高。对整体系统而言，资源更新率与当地的科技水平和经济水平有关，资源存量作为该系统的水平变量，一方面会影响人口迁移的意愿，另一方面可体现该地区的可持续发展能力，如图 7-6 所示。

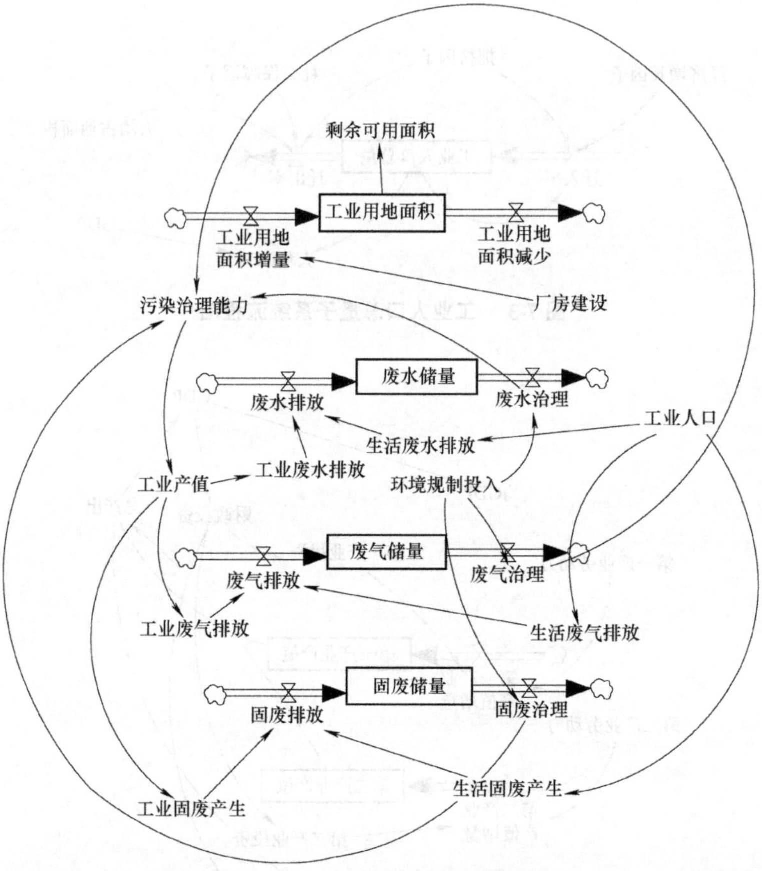

图 7-5 环境规制子系统流程图

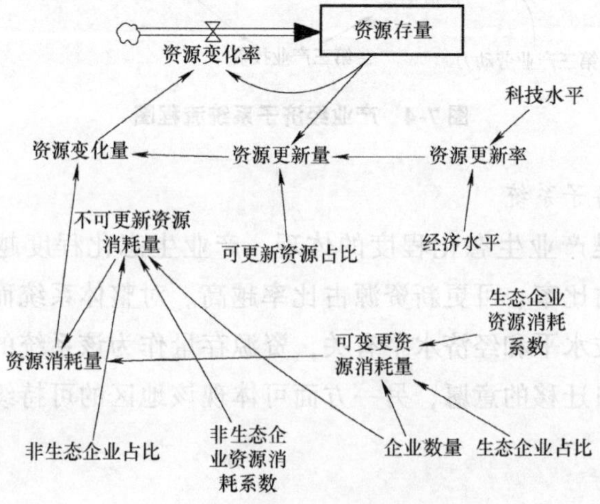

图 7-6 资源储备子系统流程图

7.2.3 系统参数的确定

本节数据主要来自《中国统计年鉴》、中国环境保护数据库。根据产业工业化与生态化耦合系统的结构特点，为保证系统动力学模型的准确性和有效性，采取以下两种方式对非精确数据进行处理：①对于变量关系明显或数据充分的单变量通过回归分析、趋势外推或者灰色预测来确定；②对于变量间数据不明显或数据样本不够的参数，采用表函数进行确定。

7.2.4 模型检验

我们以贵州省为研究对象，故选取贵州省 2003—2013 年的数据进行模型可靠性验证。从历史检验结果看，系统模拟结果与贵州省产业发展状况基本一致，相对误差在-4.9%~9.3%之间，模型较为真实地反映了该省产业工业化与生态化耦合系统的结构和状态，拟合精确度较高，故认为该模型可作为贵州省产业工业化与生态化耦合发展路径研究模拟与预测的依据。

7.3 产业集聚和生态环境耦合路径分析

在对贵州省产业发展现状进行模拟评测的基础上，根据产业工业化与生态化的耦合内涵及 DPSIR 概念框架的划分结果设计了三种工业化与生态化耦合发展的路径，对 2015—2045 年间该省不同耦合路径下的产业工业化与生态化耦合发展情况进行情景模拟与对比分析。

7.3.1 自然发展型

根据贵州省产业发展基础模型进行趋势预测分析，为便于比较观察，以各变量最大数值为基准进行数据归一化处理，得到该模式下各关键变量的变化趋势，如图 7-7 所示。可以发现：① 2027 年贵州省的人均 GDP 可达到 44522 元，与 2017 年（人均 GDP 为 37956 元）相比，10 年间年平均增长率达到 17.3%，并于 2031 年后趋于稳定，人均 GDP 总增长率的提高实现了贵州省“十二五”长远规划的愿景，但是与其他发达地区仍有一定的差距；②贵州省工业化发展速度较快，但废物排放量也快速增加；环境治理力度与废弃物排放速度正向增长，且增长速度较大，到2035年，环境治理力度大于废物排放量，环境开始好转；③由于工业化进程的加剧，资源存量在开始的10年间迅速减少，当工业发展到一定时期，产业开始向生态化转型，资源存量平缓上升，到2039年达到最大值，但是由于不可再生资源的消耗，会低于2015年的初始值。

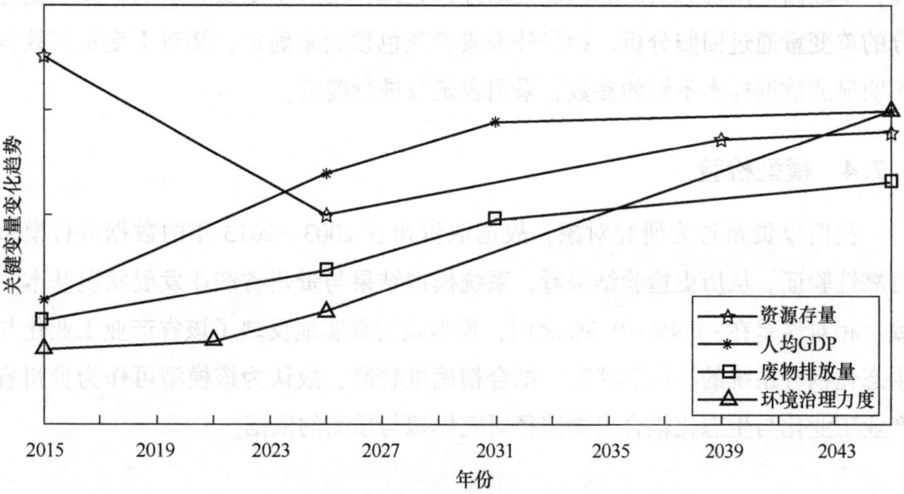

图7-7 贵州省产业工业化与生态化耦合系统的自然发展型SD仿真趋势

7.3.2 工业经济发展型

为得到比较快的经济发展速度来推动产业工业化进程，对模型参数做相应调整：①第二产业的投资比例增加到0.65；②环境治理系数减少到0.21；③增加非生态企业占比系数；④增加迁入率和增加经济增长因子。模拟结果表明：该模式下的贵州省产业经济发展最快，经济总量和人均GDP趋于最大值。然而与经济高速发展相伴随的是环境污染日益严重，由于环境治理力度低于污染排放能力，对环境的污染程度较大。同时，由于工业化发展的需要，对资源存量的消耗巨大，会造成资源的过度开采和生态压力的增加。工业经济发展型仅适用于工业化发展的初期阶段。

7.3.3 环境友好发展型

为实现产业的可持续发展，相关部门将加大产业工业化进程中的环境治理力度，对模型的参数调整如下：①增加环境治理系数；②增加生态企业占比系数。模拟结果表明：该模型下的贵州省工业废物排放量最低，环境治理力度最大，生态企业不断增加，资源存量缓慢减少；经济发展速度略低于自然发展型，但在 2045 年与自然发展型持平。虽然环境友好发展型的经济发展速度比较缓慢，但是能实现产业的可持续发展，因此适用产业发展的中后期。

7.3.4　对比分析与讨论

针对贵州省产业化与生态化耦合的不同发展路径进行仿真预测，各参数变化对比如图 7-8~图 7-11 所示。

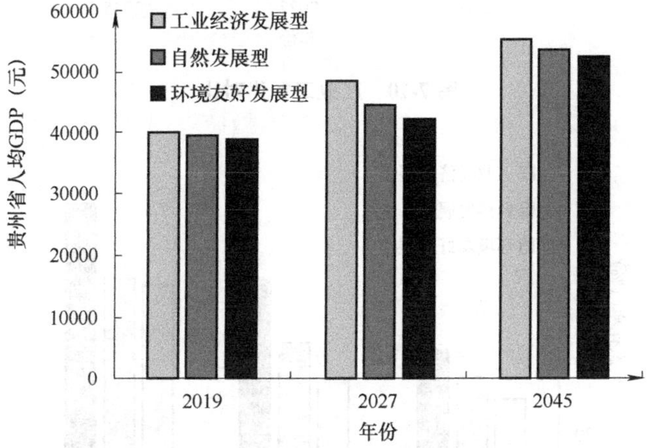

图 7-8　人均 GDP 对比

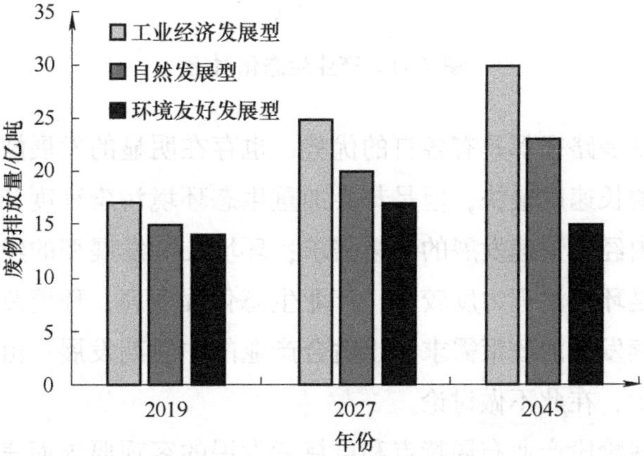

图 7-9　环境废物排放量对比

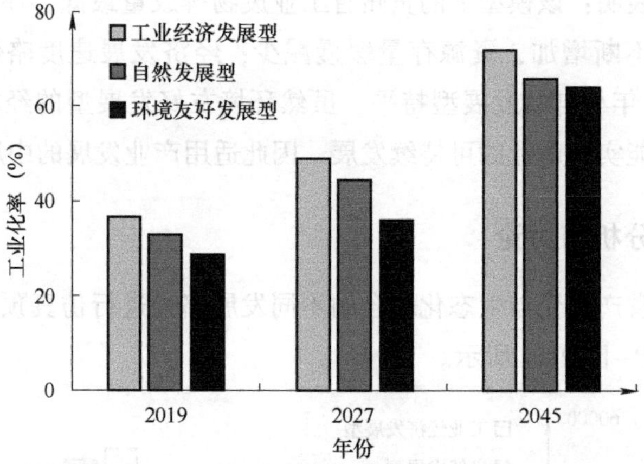

图 7-10　产业工业化对比

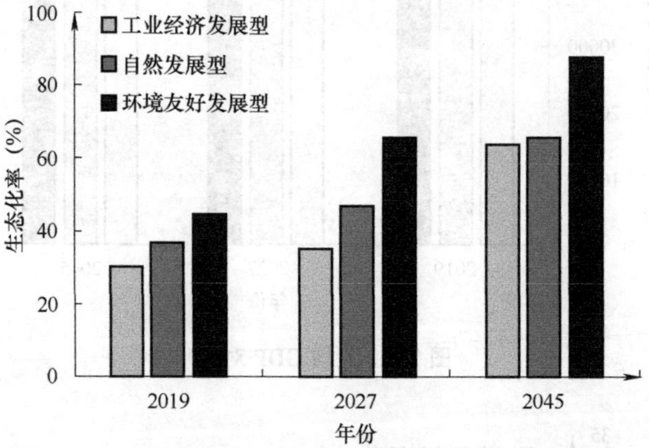

图 7-11　产业生态化对比

三种耦合发展路径都具有各自的优势，也存在明显的发展缺陷。工业经济发展型的经济增长速度最快，但是却会加重生态环境污染程度和环境压力，适用于满足短期内经济快速发展的政策需求；环境友好发展型的经济增长速度相对较缓慢，但是环境治理力度较大，产业生态化程度高，环境废物排放少，适用于产业可持续发展的政策需求，也适合产业的中后期发展；由于自然发展型的政策干预较少，在此不做讨论。

就贵州省现阶段产业布局特点和可持续发展的客观要求而言，充分利用贵州省丰富的资源禀赋，扩大产业规模，优化产业结构，建立贵州省新型工业化体系，在发展以资源禀赋为基础的工业经济的同时，实现可持续的循环工业经济十分重要。因此，三种发展路径中的环境友好发展型发展路径更符合贵州省现阶段的产业发展要求。

与西部地区其他省份相似，贵州省产业工业化与生态化耦合系统是一种具有多反馈、多界面的非线性复杂系统，集中表现于产业工业化测度与生态化测度之间所具有的各种非线性关系的总和。通过对贵州省的研究，我们对西部地区提出以下建议：

1）从西部地区产业总体发展趋势上看，产业工业经济发展处于快速增长期，参照发达地区工业化发展规律，考虑适时选取工业经济发展型发展路径和环境友好发展型发展路径，既可以保证该省工业经济较快增长，也能减轻生态环境压力，实现产业的可持续发展。

2）值得关注的是，不同耦合发展路径下，资源存量都呈现出不可逆的减少趋势，而西部地区的大多数产业均具有一定的生态资源依赖性，相关部门应根据这一特殊性，有意识地进行产业布局及产业生态区的划分，建立适当的环境门槛和资源开采门槛，从根本上提高环境承载力和资源储备量，提高可持续发展能力。

3）由于生态环境与产业发展状况的相似性，我们的研究方法与研究结论对西部地区其他省份产业工业化与生态化耦合研究具有一定的参考意义与借鉴意义。

第 8 章 对策建议

8.1 加快产业生态化建设

1. 落实可持续发展观，加快资源型产业生态化建设

近年来，在西部大开发政策和资源引力的双重驱动下，西部地区成为承接东部地区过剩产能的重要战略基地，但一定要警惕产业转移带来的污染的转移和生态破坏的转移。西部地区相关省份应该对本地的产业结构做好预先规划，动态提升资源型产业占比，倡导资源型产业生态化建设，加大对环境友好型产业扶持力度和政策吸引力度。就贵州省而言，生态环境敏感、脆弱和重要性不应该成为阻碍其发展的桎梏，而应该是推动地方发展特色生态经济、升级产业结构、实现经济地位变道超车的助推利器。

必须牢固树立和践行“绿水青山就是金山银山”的理念，以生态产业供给侧结构性改革为主线，加速传统产业向以环境保护为底线、以生态特色为基础、以生态规律为准则的产业生态化结构转型。同时，遵循生态引力与白酒产业集聚耦合系统协调优质发展的原则，瞄准地方生态特色，在生态承载力范围内，鼓励白酒产业集聚区合理利用地区生态资源的同时，完善资源开发相关专业人才和技术的引入奖励政策，提高产品附加值，推动形成“一县一优势、一乡一品牌、一村一特色”的产业生态化方案，地方政府及行业监管部门可以结合实际情况提出“生态产业”“生态补偿”“生态旅游”等协调合作模式来进一步落实两系统的协调耦合发展。促进白酒产业集聚区在全国市场竞争中找准

位置、突出特色，稳步提升区域生态环境和经济质量的综合竞争力。

2. 调整产业集聚的水平和模式，合理发挥集聚的正外部性并规避负外部性，优化产业布局，借助技术创新驱动企业生产

首先，既不能盲目集聚也不能过度集聚，需注重多样化、专业化和协同集聚的多元化发展，促进合作，抵制恶性竞争，利用技术和知识的溢出效应节能减排，到达自然资本、产业集聚和污染排放的最优平衡点。其次，要合理使用地区资源优势，通过产业集聚优化升级产业结构布局，探索出更加环保、清洁生产的运作方式，建立生态化网络体系，使企业在区域内互利共生，降低产业对自然资源的依赖性和破坏性，以动态的视角看待产业和生态可持续发展的“双赢”。最后，应加大对产业生态化发展提供科技研发的投入，推动“产学研一体化”在资源型产业集聚过程中的建设，突破自然资源循环利用的技术瓶颈制约，鼓励企业引进高科技人才参与科技创新活动，从产业生产运作的全周期改进和开发技术，建立清洁生产、废物利用和生态修复的技术连接链。

8.2　强化政府管控和市场调控

1. 激发市场调控功能，鼓励非政府机构发挥中介调节作用

鉴于当前政府主导的生态引力作用系统与白酒产业集聚系统的耦合度仍然处于轻度拮抗向中等协调的转型过程中，系统间的信息与物质交互必然涉及许多整合问题。相关部门应发挥好市场调控这一“无形之手”的资本聚集作用，结合地方生态引力与白酒产业集聚耦合系统的协调矛盾情况，适时加大对环境友好型和绿色制造型白酒企业的政策扶持力度，降低准入门槛，鼓励此类特色企业的迁入，建立以市场主导为主、政府协调支持为辅的生态保护与规模经济融合机制，发挥好企业及社会公众在生态保护与地域规模经济发展中的资源整合中介调节作用。

2. 建立绿色园区，加强政策引导，覆盖监测系统，最大限度降低污染排放量

首先，应以生态文明建设为依托，坚持绿色发展理念，推进贵州省清洁生产园区和绿色园区的建设，通过产业集聚提高技术创新能力，降低自然资本的消耗，减少污染排放，兼顾经济高质量发展和环境保护。其次，应继续推进政

府对环境的监督和管控力度，设计资源型产业集聚发展的外部环境约束，逐步出台地方性法制法规。在扩大废物治理范围和增加治理投入的同时，探索建立生态税收制度，督促企业更加注重清洁化生产和废物治理。应指导耦合失调区域引进高质协调区域的先进理念和技术，加强相邻地区的合作与交流，促进产业集聚和生态环境的耦合协调关系发展，扩大耦合协调度集聚的范围。最后，可以建立动态的产业集聚和环境交互监测系统，记录两者的变化程度。目前贵州省产业集聚和生态环境耦合协调程度仍有提升空间，为促进两者同步协调高水平发展，需要根据实际监测结果及时纠偏纠错。在生态环境发展滞后时，加大对生态环境的保护力度，利用清洁技术减少污染排放。在产业集聚发展滞后时，依靠生态环境优势，加速产业集聚进程。贵州省地处我国西部地区，应注重高技术产业集聚区内清洁生产和环境保护措施的落实，根据监测系统的预警结果保持两者平衡发展的长期性。

8.3 建设多区域联动发展的“飞地”合作机制

1. 因地制宜、因时制宜，建设多区域联动发展的“飞地”合作机制

我国国土辽阔，区域资源差异显著，应意识到各区域的地理环境、资源禀赋和发展水平的时空异质性。研究表明，环境污染和白酒产业集聚系统内部的知识、技术都存在区域间的溢出效应，因此可尝试以“利益共享、协作互补”的“飞地经济”发展理论为基础，充分整合各地资源优势，加强技术和知识在区域间的流动，建立区域产业经济联动发展机制，健全公共资源管制及奖惩措施，促使区域间形成“产业联动、环境共治、永续发展”的可持续产业“飞地经济”发展模式，形成多省共建设、共管制的“资源型产业生态型飞地经济园区”。

2. 发展新能源，创造自然资本实现机制，提高自然资本的利用率

一方面，应加大发展新能源产业的政策鼓励力度，实施财政补贴和税收减免，放宽新能源企业贷款限制，通过新能源技术，寻找自然资源的替代品，改变能源消费结构，调节生态系统的整体功能，以更少的自然资本创造更多的社会财富。另一方面，应重点关注自然资源资本化的实现机制，进一步明晰自然资源产权，推进自然资源整合，打造资源变成资本的通道。

附录

云模型处理过程

1. 白酒从业人数云数字特征 MATLAB 代码

```
X1=[0
0.041658635
0.070585611
0.080802216
0.104387404
0.146767038
0.204440193
0.273
];
Y1=[0.206965986 0.085333372 0.136833929 0.176863225 0.215956692
0.277043429 0.335475245 0.401];//
m=8;
Ex=mean(X1);
En1=zeros(1,m);
for i=1:m
    En1(1,i)=abs(X1(1,i)-Ex)/sqrt(-2* log(Y1(1,i)));
end
En=mean(En1);
```

```
He=0;
for i=1:m
    He=He+(En1(1,i)- En)^2;

end
En=mean(En1);
He=sqrt(He/(m- 1));
```

2. 贵州白酒行业收入效益云数字特征 MATLAB 代码

```
X1=[0
0. 041658635
0. 070585611
0. 080802216
0. 104387404
0. 146767038
0. 204440193
0. 273
];
Y1=[0. 206965986 0. 085333372 0. 136833929 0. 176863225 0. 215956692
0. 277043429 0. 335475245 0. 401];
m=8;
Ex=mean(X1);
En1=zeros(1,m);
for i=1:m
    En1(1,i)=abs(X1(1,i)- Ex)/sqrt(- 2*  log(Y1(1,i)));
end
En=mean(En1);
He=0;
for i=1:m
    He=He+(En1(1,i)- En)^2;
    En=mean(En1);
He=sqrt(He/(m- 1));

end
```

```
En=mean(En1);
He=sqrt(He/(m- 1));
```

3. 贵州省白酒产业集聚度云数字特征 MATLAB 代码

```
X1=[0. 006965986
0
0. 026993197
0. 060952381
0. 080979592
0. 111455782
0. 118421769
0. 128

];
Y1=[0. 206965986 0. 085333372 0. 136833929 0. 176863225 0. 215956692
0. 277043429 0. 335475245 0. 401];
m=8;
Ex=mean(X1);
En1=zeros(1,m);
for i=1:m
    En1(1,i)=abs(X1(1,i)- Ex)/sqrt(- 2*  log(Y1(1,i)));
end
En=mean(En1);
He=0;
for i=1:m
    He=He+(En1(1,i)- En)^2;
    En=mean(En1);
He=sqrt(He/(m- 1));

end
En=mean(En1);
He=sqrt(He/(m- 1));
```

4. 环保系统人员数云数字特征 MATLAB 代码

```
X1=[0
```

```
0. 024276551
0. 034665871
0. 040565334
0. 0587858
0. 065938246
0. 175
0. 174530131

];
Y1=[0. 153369911
0. 162015682
0. 20999183
0. 158051514
0. 15218096
0. 169822304
0. 249237755
0. 255602497
];
m=8;
Ex=mean(X1);
En1=zeros(1,m);
for i=1:m
    En1(1,i)=abs(X1(1,i)- Ex)/sqrt(- 2*  log(Y1(1,i)));
end
En=mean(En1);
He=0;
for i=1:m
    He=He+(En1(1,i)- En)^2;
    En=mean(En1);
He=sqrt(He/(m- 1));

end
En=mean(En1);
```

```
He=sqrt(He/(m- 1));
```

5. 耦合度

```
clc
clear
Ex=0. 421;En=0. 243;He=0. 387;
n=3000;
for i=1:n
Enn=randn(1)* He+En;
x(i)=randn(1)* Enn+Ex;
y(i)=exp(- (x(i)- Ex)^2/(2* Enn^2));
end
plot(x,y,' . r' )
title(' 耦合度的云模型' )
ylabel(' 隶属度' );
xlabel(' 耦合度的云模型标度' );
axis([0,1,0,1])
grid on
```

6. 耦合协调度

```
clc
clear
Ex=0. 815;En=0. 098; 0. 158;
n=3000;
for i=1:n
Enn=randn(1)* He+En;
x(i)=randn(1)* Enn+Ex;
y(i)=exp(- (x(i)- Ex)^2/(2* Enn^2));
end
plot(x,y,' . r' )
title(' 耦合协调度的云模型' )
ylabel(' 隶属度' );
xlabel(' 耦合协调度的云模型标度' );
axis([0,1,0,1])
grid on
```

参考文献

[1] QUAH D. Empirics for economic growth and convergence [J]. European economic review, 1996, 40 (6): 1353-1375.

[2] 潘文卿. 中国的区域关联与经济增长的空间溢出效应 [J]. 经济研究, 2012, 47 (1): 54-65.

[3] SWAN T W. Economic growth and capital accumulation [J]. Economic record. 1956, 32 (2): 334-361.

[4] 范剑勇. 产业集聚与中国地区差异研究 [M]. 上海: 格致出版社, 2008.

[5] 石灵云. 产业集聚、外部性与劳动生产率: 来自中国制造业四位数行业的证据 [M]. 上海: 立信会计出版社, 2010.

[6] SMITH A. The wealth of nations [M]. New York: Collier & Son, 1902.

[7] MARSHALL A. Principles of economics [M]. London: Palgrave Macmillan, 1920.

[8] 杜能. 孤立国同农业和国民经济的关系 [M]. 吴衡康, 译. 北京: 商务印书馆, 2009.

[9] KRUGMAN P. Increasing returns and economic geography [J]. Journal of political economy, 1991, 99 (3): 483-499.

[10] 吴德进. 产业集群论 [M]. 北京: 社会科学文献出版社, 2006.

[11] ROSENTHAL S S, STRANGE W C. Evidence on the nature and sources of agglomeration economies [J]. Handbook of regional and urban economics, 2004 (4): 2119-2171.

[12] CHESHIRE P C, MALECKI E J. Growth, development, and innovation: a look backward and forward [J]. Papers in regional science, 2003, 83 (1): 249-267.

[13] GLAESER E L, KOHLHASE J E. Cities, regions and the decline of transport costs [J]. Review economic design, 2003, 83 (1): 197-228.

[14] PORTER M E. Competitive advantage of nations [M]. New York: Free Press, 1990.

[15] 段文斌, 刘大勇. 现代服务业聚集的形成机制: 空间视角下的理论与经验分析 [J]. 世界经济, 2016 (3): 144-165.

[16] LU J Y, TAO Z G. Trends and determinants of China's industrial agglomeration [J]. Journal of urban economics, 2009, 65 (2): 167-180.

[17] MORENO-CRUZ J, TAYLOR M S. An energy-centric theory of agglomeration [J]. Journal of

environmental economics and management, 2017, 84: 153-172.

[18] LV X F, LU X L, GUO F, et al. A spatial-temporal approach to evaluate the dynamic evolution of green growth in China [J]. Sustainability, 2018, 10 (7): 1-15.

[19] WANKE P F. Physical infrastructure and flight consolidation efficiency drivers in Brazilian airports: a two-stage network-DEA approach [J]. Transport policy, 2013, 29: 145-153.

[20] 张可. 不同产业集聚对区域创新的影响及其空间溢出效应 [J]. 西安交通大学学报 (社会科学版), 2019, 39 (2): 12-19.

[21] ZHENG X Y, YU Y H, WANG J, et al. Identifying the determinants and spatial nexus of provincial carbon intensity in China: a dynamic spatial panel approach [J]. Regional environmental change, 2014, 14: 1651-1661.

[22] COSTANTINI V, MAZZANTI M, MONTINI A. Environmental performance, innovation and spillovers: evidence from a regional NAMEA [J]. Ecological economics, 2013, 89: 101-114.

[23] SUN J, LI Y P, GAO P P, et al. A Mamdani fuzzy inference approach for assessing ecological security in the Pearl River Delta urban agglomeration, China [J]. Ecological indicators, 2018, 94 (1): 386-396.

[24] 沈能, 王群伟. 考虑异质性技术的环境效率评价及空间效应 [J]. 管理工程学报, 2015, 29 (1): 162-168.

[25] 王艳华, 苗长虹, 胡志强, 等. 专业化、多样性与中国省域工业污染排放的关系 [J]. 自然资源学报, 2019, 34 (3): 586-599.

[26] 纪祥裕. 外资和生产性服务业集聚对城市环境污染的影响 [J]. 城市问题, 2019 (6): 52-62.

[27] 钟娟, 魏彦杰. 产业集聚与开放经济影响污染减排的空间效应分析 [J]. 中国人口·资源与环境, 2019, 29 (5): 98-107.

[28] CHENG Z H. The spatial correlation and interaction between manufacturing agglomeration and environmental pollution [J]. Ecological indicators, 2016, 61 (2): 1024-1032.

[29] 陈林心, 何宜庆, 王芸, 等. 金融集聚、经济发展与生态效率空间面板数据的 SD 仿真 [J]. 系统工程, 2017 (1): 23-31.

[30] LIU B Q, TIAN C, LI Y Q, et al. Research on the effects of urbanization on carbon emissions efficiency of urban agglomerations in China [J]. Journal of cleaner production, 2018, 197 (1): 1374-1381.

[31] 郭劲光, 孙浩. 中国制造产业专业化集聚比多样化集聚更有利于提高能源效率吗? [J]. 南京审计大学学报, 2019 (4): 93-102.

[32] 任阳军，汪传旭，张素庸，等．高技术产业集聚、空间溢出与绿色经济效率——基于中国省域数据的动态空间杜宾模型［J］．系统工程，2019，37（1）：24-34.
[33] 肖兴志，李沙沙．产业集聚对制造业资源错配的纠正效应：线性抑或非线性？［J］．产业经济研究，2018（5）：1-13.
[34] YU Z W，YAO Y W，YANG G Y，et al. Strong contribution of rapid urbanization and urban agglomeration development to regional thermal environment dynamics and evolution［J］. Forest ecology and management，2019，446：214-225.
[35] 周侃，王强，樊杰．经济集聚对区域水污染物排放的影响及溢出效应［J］．自然资源学报，2019，34（7）：1483-1495.
[36] 胡求光，周宇飞．开发区产业集聚的环境效应：加剧污染还是促进治理？［J］．中国人口·资源与环境，2020，30（10）：64-72.
[37] 李成宇，张士强，张伟．中国省际工业生态效率空间分布及影响因素研究［J］．地理科学，2018，38（12）：1970-1978.
[38] 邓玉萍，许和连．外商直接投资、集聚外部性与环境污染［J］．统计研究，2016，33（9）：47-54.
[39] 郭然，原毅军．生产性服务业集聚能够提高制造业发展质量吗？——兼论环境规制的调节效应［J］．当代经济科学，2020，42（2）：120-132.
[40] 陆凤芝，杨浩昌．产业协同集聚与环境污染治理：助力还是阻力［J］．广东财经大学学报，2020，35（1）：16-29.
[41] 王江，刘莎莎．金融发展、城镇化与雾霾污染——基于西北5省区的空间计量分析［J］．工业技术经济，2019，38（2）：77-86.
[42] 韩颖，齐小源．经济政策不确定性、金融发展与雾霾污染——基于西部地区协同减排研究［J］．工业技术经济，2019，38（12）：3-10.
[43] 李二玲，邓晴晴，何伟纯．基于产业集群发展的中部传统平原农区乡村振兴模式与实现路径［J］．经济地理，2019，39（12）：110-118.
[44] 刘乃全，吴友，赵国振．专业化集聚、多样化集聚对区域创新效率的影响——基于空间杜宾模型的实证分析［J］．经济问题探索，2016（2）：89-96.
[45] 梁伟，杨明，李新刚．集聚与城市雾霾污染的交互影响［J］．城市问题，2017（9）：83-93.
[46] 毛渊龙，袁祥飞．集聚外部性、城市规模和环境污染［J］．宏观经济研究，2020（2）：140-153.
[47] 王兆峰，杜瑶瑶．基于SBM-DEA模型湖南省碳排放效率时空差异及影响因素分析［J］．地理科学，2019（5）：797-806.

[48] 王新越，芦雪静．中国旅游产业集聚空间格局演变及其对旅游经济的影响——基于专业化与多样化集聚视角［J］．地理科学，2020，40（7）：1160-1170.
[49] 赵峰，王玲俐．产业专业化、多样化集聚对生态效率的影响机理及运用［J］．学术交流，2020（2）：106-121；192.
[50] 胡安军，郭爱君，钟方雷，等．高新技术产业集聚能够提高地区绿色经济效率吗？［J］．中国人口·资源与环境，2018，28（9）：93-101.
[51] 周国富，白士杰，王溪．产业的多样化、专业化与环境污染的相关性研究［J］．软科学，2019，33（1）：81-86.
[52] 张素庸，汪传旭，任阳军．生产性服务业集聚对绿色全要素生产率的空间溢出效应［J］．软科学，2019，33（11）：11-15；21.
[53] 杨仁发．产业集聚能否改善中国环境污染［J］．中国人口·资源与环境，2015，25（2）：23-29.
[54] 蔡海亚，徐盈之．产业协同集聚、贸易开放与雾霾污染［J］．中国人口·资源与环境，2018，28（6）：93-102.
[55] 黄磊，吴传清．长江经济带城市工业绿色发展效率及其空间驱动机制研究［J］．中国人口·资源与环境，2019，29（8）：40-49.
[56] 邵帅，张可，豆建民．经济集聚的节能减排效应：理论与中国经验［J］．管理世界，2019（1）：36-60；226.
[57] 季书涵，朱英明．产业集聚、环境污染与资源错配研究［J］．经济学家，2019（6）：33-43.
[58] FAN Q Y，YANG S，LIU S B. Asymmetrically spatial effects of urban scale and agglomeration on haze pollution in China［J］. International journal of environmental research and public health，2019，16（24）：4936.
[59] YANG J，GUO H X，LIU B B，et al. Environmental regulation and the pollution haven hypothesis：do environmental regulation measures matter?［J］. Journal of cleaner production，2018，202：993-1000.
[60] WANG Y P，YAN W L，MA D，et al. Carbon emissions and optimal scale of China's manufacturing agglomeration under heterogeneous environmental regulation［J］. Journal of cleaner production，2018，176：140-150.
[61] WANG J S，YE X Y，WEI Y H. Effects of agglomeration，environmental regulations，and technology on pollutant emissions in China：integrating spatial，social，and economic network analyses［J］. Sustainability，2019，11（2）：363.
[62] 刘习平，宋德勇．城市产业集聚对城市环境的影响［J］．城市问题，2013（3）：9-15.

[63] WANG J S, WEI Y H. Agglomeration, environmental policies and surface water quality in China: a study based on a quasi-natural experiment [J]. Sustainability, 2019, 11 (19): 5394.
[64] LIU J, CHENG Z H, ZHANG H M. Does industrial agglomeration promote the increase of energy efficiency in China? [J]. Journal of cleaner production, 2017, 164: 30-37.
[65] CHEN D K, CHEN S Y, JIN H. Industrial agglomeration and CO_2 emissions: evidence from 187 Chinese prefecture-level cities over 2005-2013 [J]. Journal of cleaner production, 2018, 172: 993-1003.
[66] CHEN W L, HUANG X J, LIU Y H, et al. The impact of high-tech industry agglomeration on green economy efficiency: evidence from the Yangtze River Economic Belt [J]. Sustainability, 2019, 11 (19): 5189.
[67] WANG N, ZHU Y M, YANG T B. The impact of transportation infrastructure and industrial agglomeration on energy efficiency: evidence from China's industrial sectors [J]. Journal of cleaner production, 2020, 244: 118708.
[68] VERHOEF E T, NIJKAMP P. Externalities in urban sustainability: environmental versus localization-type agglomeration externalities in a general spatial equilibrium model of a single-sector monocentric industrial city [J]. Ecological economics, 2002, 40 (2): 157-179.
[69] ANDERSSON M, LÖÖF H. Agglomeration and productivity: evidence from firm-level data [J]. The annals of regional science, 2011, 46 (3): 601-620.
[70] 王怀成，张连马，蒋晓威．泛长三角产业发展与环境污染的空间关联性研究 [J]. 中国人口·资源与环境，2014，24 (3): 55-59.
[71] 王兵，聂欣．产业集聚与环境治理：助力还是阻力——来自开发区设立准自然实验的证据 [J]. 中国工业经济，2016 (12): 75-89.
[72] LIU S X, ZHU Y M, DU K Q. The impact of industrial agglomeration on industrial pollutant emission: evidence from China under the "new normal" [J]. Clean technologies and environmental policy, 2017, 19 (9): 2327-2334.
[73] DA SCHIO N, BOUSSAUW K, SANSEN J. Accessibility versus air pollution: a geography of externalities in the Brussels agglomeration [J]. Cities, 2019, 84: 178-189.
[74] LIU J, ZHAO Y H, CHENG Z H, et al. The effect of manufacturing agglomeration on haze pollution in China [J]. International journal of environmental research and public health, 2018, 15 (11): 2490.
[75] GAIGNÉ C, RIOU S, THISSE J-F. Are compact cities environmentally friendly? [J]. Journal of urban economics, 2012, 72 (2-3): 123-136.

[76] 纪玉俊，邵泓增．产业集聚影响环境污染：加剧抑或抑制？——基于我国城市面板数据的实证检验 [J]. 经济与管理，2018，32 (3)：59-64.

[77] 卢燕群，袁鹏．中国省域工业生态效率及影响因素的空间计量分析 [J]. 资源科学，2017，39 (7)：1326-1337.

[78] WANG Y S，WANG J. Does industrial agglomeration facilitate environmental performance：new evidence from urban China? [J]. Journal of environmental management，2019，248：109244.

[79] IMAIZUMI A，ITO K，OKAZAKI T. Impact of natural disasters on industrial agglomeration：the case of the Great Kanto earthquake in 1923 [J]. Explorations in economic history，2016，60：52-68.

[80] LI T C，HAN D R，FENG S S，et al. Can industrial co-agglomeration between producer services and manufacturing reduce carbon intensity in China? [J]. Sustainability，2019，11 (15)：4024.

[81] ZHENG Q Y，LIN B Q. Impact of industrial agglomeration on energy efficiency in China's paper industry [J]. Journal of cleaner production，2018，184：1072-1080.

[82] 袁华锡，刘耀彬，封亦代．金融集聚如何影响绿色发展效率？——基于时空双固定的SPDM与PTR模型的实证分析 [J]. 中国管理科学，2019，27 (11)：61-75.

[83] 韩清，张晓嘉，徐伟强．中国工业产业协同集聚的测量及其影响因素分析 [J]. 上海经济研究，2020 (10)：85-96；108.

[84] 李燕，贺灿飞．1998—2009年珠江三角洲制造业空间转移特征及其机制 [J]. 地理科学进展，2013，32 (5)：777-787.

[85] 罗胤晨，谷人旭．1980—2011年中国制造业空间集聚格局及其演变趋势 [J]. 经济地理，2014，34 (7)：82-89.

[86] HU S J，SONG W，LI C G，et al. The evolution of industrial agglomerations and specialization in the Yangtze River Delta from 1990-2018：an analysis based on firm-level big data [J]. Sustainability，2019，11 (20)：5811.

[87] 韩玉刚，焦华富，郇恒飞．省际边缘区传统制造业集聚过程及动因分析——以安徽省宁国市耐磨铸件产业为例 [J]. 经济地理，2011，31 (7)：1128-1133.

[88] HAAKONSSON S J，JENSEN P D Ø，MUDAMBI S M. A co-evolutionary perspective on the drivers of international sourcing of pharmaceutical R&D to India [J]. Journal of economic geography，2013，13 (4)：677-700.

[89] 陈柯，尹良富，汪俊英，等．中国制造业产业集聚影响因素的实证研究 [J]. 上海经济研究，2020 (10)：97-108.

[90] SHI T, YANG S Y, ZHANG W, et al. Coupling coordination degree measurement and spatiotemporal heterogeneity between economic development and ecological environment: empirical evidence from tropical and subtropical regions of China [J]. Journal of cleaner production, 2020, 244: 118739.
[91] 王婷，王海天．高技术产业集聚度与生态环境耦合关系演化研究［J］．科技进步与对策，2020，37（15）：44-53.
[92] 王婷，廖斌，卫少鹏．基于SD的西南地区产业工业化与生态化耦合发展——以贵州省为例［J］．生态经济，2019，35（9）：50-54；87.
[93] 王海天，王婷，廖斌．白酒产业集聚与生态效率的动态关系研究［J］．中国酿造，2020，39（4）：210-215.
[94] 李朝洪，赵晓红．黑龙江省森工国有林区生态建设与经济转型协调发展分析［J］．南京林业大学学报（自然科学版），2018，42（6）：47-58.
[95] WANG J Y, WEI X M, GUO Q. A three-dimensional evaluation model for regional carrying capacity of ecological environment to social economic development: model development and a case study in China [J]. Ecological indicators, 2018, 89: 348-355.
[96] 周成，冯学钢，唐睿．区域经济-生态环境-旅游产业耦合协调发展分析与预测——以长江经济带沿线各省市为例［J］．经济地理，2016，36（3）：186-193.
[97] CUI X G, FANG C L, LIU H M, et al. Assessing sustainability of urbanization by a coordinated development index for an urbanization-resources-environment complex system: a case study of Jing-Jin-Ji region, China [J]. Ecological indicators, 2019, 96 (1): 383-391.
[98] 王莎，童磊，贺玉德．京津冀产业结构与生态环境交互耦合关系的定量测度［J］．软科学，2019，33（3）：75-79.
[99] 廖斌，王婷．生态使命贫困区精准扶贫与生态保护的耦合协调研究［J］．统计与决策，2020，543（3）：67-70.

后　记

我国西部地区自然资源丰富，近年来，在西部大开发战略的吸引下，越来越多的企业开始向西部进军，并形成了全新的集聚态势和产业格局。产业集聚有利于西部地区加速经济转型、优化产业布局、助力该地区脱贫致富、实现“后发赶超”。但当前西部地区正处于经济结构高质量、可持续发展的攻坚期，牺牲自然资源、破坏环境换取短期效益的粗放型经济增长模式显然不再适合其发展需求，生态环境与产业集聚协调发展将是西部地区规模经济高效良性可持续发展的必由之路。

本书在撰写过程中遇到了许多挑战，但我们并未轻易放弃，旨在在丰富和发展产业集聚理论的研究体系、拓宽生态环境与产业集聚的研究视角、促进西部地区生态引力与产业集聚的耦合发展等方面贡献一份力量，同时为加速西部地区产业生态化转型，提高西部地区可持续发展能力提供有效途径。限于研究能力，本书在思路整理、结构分配以及文字描述等方面都存在不足，但学术研究永无止境，今后，我将继续保持十二万分的热情，不断扩充知识面，完善自身知识体系，以十倍甚至百倍的努力写出更令读者满意的相关著作，以弥补本书的缺憾。

本书前期研究在《科技进步与对策》《统计与决策》《中国酿造》等期刊发表，在发表过程中，匿名审稿人和相关编辑提供了宝贵的修改意见，在此表示衷心的感谢。同时，鉴于国内外部分学者对于该问题已有较成熟的研究成果，本书参考了众多学者的观点，再次对这些学者表示衷心的感谢。另外，书中所参考的相关文献和数据等资料都尽可能做出了标注，但难免挂一漏万，若有遗漏之处敬请谅解。

衷心感谢机械工业出版社编辑团队，他们为本书的出版高效而又细致地做了大量的工作。

衷心感谢贵州省哲学社会科学规划联合基金课题的资助。

最后，我要感谢课题组的王海天、廖斌、杨姣姣、莫姝以及其他每一位成员。本书的研究思路、结构布局、内容编辑和文字撰写都是成员们共同努力的结果，他们的坚持和努力为本书的完成和出版提供了重要的支撑，我谨在此向他们表示诚挚的谢意！

王　婷